TUNOMÁS
HONEY

8.00

D0150248

Bilingual Press/Editorial Bilingüe

General Editor
Gary D. Keller

Managing Editor
Karen S. Van Hooft

Senior Editor
Mary M. Keller

Editorial Board
Juan Goytisolo
Francisco Jiménez
Eduardo Rivera
Severo Sarduy
Mario Vargas Llosa

Address
Bilingual Press
Department of Foreign Languages
and Bilingual Studies
217 New Alexander
EASTERN MICHIGAN UNIVERSITY
Ypsilanti, Michigan 48197
313-487-0042

TUNOMÁS HONEY

JIM SAGEL

Bilingual Press/Editorial Bilingüe
YPSILANTI, MICHIGAN

ISBN: 0-916950-40-9

Library of Congress Catalog Card Number: 83-71141

PRINTED IN THE UNITED STATES OF AMERICA

Cover design by Christopher J. Bidlack

Back cover photo by Jim Fisher, Albuquerque Journal

Acknowledgments

Three of the stories in this collection originally appeared in the following publications:

"La junta," in *Canto al Pueblo*, ed. Justo Alarcón (Mesa, AZ: 1980), pp. 209-214; and in *Amaru* (Buenos Aires), Año VII, Núm. 14 (junio 1981).
"Poco veneno no mata," in *Plural* (México, D.F.), Vol. X-X, Núm. 118 (julio 1981), pp. 20-21; and in *Revista Chicano-Riqueña*, Año IX, Núm. 3 (verano 1981), pp. 34-36.
"Tunomás Honey," in *Tecolote* (San Francisco), July 1980.

The original Spanish versions of the stories in this volume won first place in the category "cuento" in the competition Premio Casa de las Américas (Havana, Cuba) in 1981 and were first published by Casa de las Américas in that year.

Table of Contents

para Félix López

AUTHOR'S NOTE

In writing the Spanish versions of these stories I have attempted to capture the local sound and flavor of the Spanish spoken in northern New Mexico. This is one of a very few books written to date in northern New Mexican dialect.

The reader will note the following features of this variety of Spanish in the stories that follow: archaisms from sixteenth- and seventeenth-century Spanish, the use of which has persisted due to the long isolation of the region from other Spanish-speaking centers; Mexicanisms, both from Mexican Spanish and from the Indian languages; vocabulary of local origin; and borrowings from English.

Some examples of these features include: *vide* and *vido* for 'vi' and 'vio'; *murre* for 'muy'; *ende* for 'desde'; *naiden* for 'nadie'; *abajo* and *atrás* for 'debajo' and 'detrás'; *en veces* for 'a veces'; *ójale* for 'ojalá'; *balear* (or *baliar*) for 'herir o matar a tiros'; *rata* for 'ardilla'; and *faceto (-a)* for 'vanidoso, presumido.'

For further information on this regional variety of Spanish, the reader is referred to Rubén Cobos, *A Dictionary of New Mexico and Southern Colorado Spanish* (Santa Fe: Museum of New Mexico Press, 1983).

Tunomás Honey

Tunomás Honey grabbed the widow Mollie and pulled her out to dance a polka. Difficult as it was for him with his stiff leg (the result of a war injury), Tunomás Honey had resolved to continue dancing with Mollie until they'd play a slow one and give him his chance. Mollie had lost her husband when he was crawling under his '57 to put in a new engine and the chain broke. But the small, dark, short-haired woman hadn't lost her love for life. And now, twirling like a child's toy, she looked like a young girl dancing with her grandfather (as the lead-footed Tunomás Honey could barely keep up with her).

Finally, just as Tunomás Honey nearly succumbed to a heart attack, the Purple Haze "locos" finished the polka and struck up their new hit, a horrible, bilingual rendition of "Since You Left Me Baby."

"Ah, finally, a slow one," thought Tunomás Honey, hugging Mollie like a bear.

"Sardines and the fairer sex—the smallest are always the best," he whispered in Mollie's ear, while he placed his right hand with chivalrous delicacy on her buttocks.

Mollie, who was well acquainted with Tunomás Honey's ways, wordlessly removed his hand with the identical ritualism. The old bachelor had the reputation of being the most durable and determined rooster in the entire area of Jaconita and El Rancho. And everybody knew him by the nickname "Tunomás Honey" because that's what he'd say to all his women, swearing to each new catch that she was the only one, the beloved pearl of his palpitating heart.

And so it didn't surprise Mollie at all when the band wailed their laments of broken love even louder and Tunomás Honey embraced

Tunomás Honey

Tunomás Honey pescó a la viuda Mollie y la sacó a bailar una polca. Era un poco trabajoso para él con su pierna tiesa (el resultado de una herida en la guerra) pero Tunomás Honey había resuelto de seguir bailando cada pieza con la Mollie hasta que le tocara un "slow one" y le diera a él su chancita. La Mollie había perdido a su viejo cuando él estaba queriendo poner un ingenio nuevo en su '57 y la cadena se había quebrado con él acostado abajo. Pero la Mollie, chiquita, trigueñita y con el cabello cortito, no había perdido su gusto por la vida. Y ahora, haciendo más vueltas que un juguete de niño, parecía muchachita de verdad bailando, quizás, con su abuelito (como Tunomás Honey apenas seguía a ella con sus pasos torpes).

Al fin, ya que casi le daba ataque al corazón al Tunomás Honey, los locos del Purple Haze dejaron la polca y empezaron su éxito nuevo, una versión bilingüe y terrible de "Since You Left Me Baby".

—Ah, al fin, uno despacito —pensaba Tunomás Honey, abrazando a la Mollie como un oso.

—La mujer y la sardina—entre más chica, más fina —dijo quietamente en la oreja de la Mollie, al mismo tiempo poniendo la mano derecha con toda delicadeza caballeresca sobre sus nalgas.

Pero la Mollie, ya conociendo bien a Tunomás Honey, quitó su mano con el mismo ritualismo y sin ninguna palabra. El soltero viejo tenía la reputación de ser el gallito más durable y determinado en toda el área de Jaconita y El Rancho. Y todos lo conocían por el apodo "Tunomás Honey" porque así les decía a todas sus amantes, jurando a cada nueva que ella era la única, la perla estimada de su palpitante corazón.

Por eso no le dio sorpresa a la Mollie cuando la banda lloró sus

her with still greater determination, murmuring: "Tú nomás, honey," while his hand returned to her curvaceous fanny, with even more passion and authority.

And this time, Mollie gave Tunomás Honey a good slap across the face, turned abruptly and marched off, leaving him to suffer the guffaws of the wedding party.

But Tunomás Honey accepted it philosophically, considering the incident only a temporary road block on the sweet, but rugged road of love. He walked to the bar where he had spent so many nights trading lascivious stories with the barmaid, Guadalupe, his old and over-the-hill girlfriend. Tunomás Honey always retreated to her when his amorous plans exploded in his face. Guadalupe didn't care if he looked at other women. She always appreciated his words of affection (although they never changed) and he was no great prize at any rate.

The good thing about their relationship was that they understood each other and felt free to talk. The cool nature of their attraction loosened their tongues and they said whatever they liked.

"Oh, my poor little stud—so they gave it to you again, eh?" Guadalupe asked as he sat down.

"Well, yeah, mi linda. I'll tell you—that one's pretty hot. And you know what they say—the smaller they are, the meaner they get."

"I just hope you learned your lesson. Those young widows will bring you nothing but trouble."

"Yes, hija," he replied, touching his cheek that was still half numb from the blow he had received. "I learned that she wasn't smashed enough yet."

"Ay, what a fool!" said Guadalupe, cleaning the bar with her white rag for the millionth time. "Just be careful you don't get yourself into a trap like you did with Margarita."

And, in spite of the misery that episode had caused him, even Tunomás Honey had to laugh.

The fiasco with Margarita had been the result of two fatal defects Tunomás Honey had always possessed in his character—a distinct lack of self-control (particularly with females) and an indifference concerning the matrimonial state. That is to say, if

quejidos de amor quebrado todavía más firme, susurrando: —Tú nomás, honey —mientras que su mano volvió a las nalgas redonditas de ella, ahora con más autoridad y pasión.

Y esta vez la Mollie le dio una buena cachetada a Tunomás Honey ahí entre todos los celebrantes del casorio y se marchó, dejando a Tunomás Honey con todos riéndose de él.

Pero Tunomás Honey lo aceptó filosóficamente, considerando el incidente nomás un impedimento temporario en la vereda dulce y golpeadora de amor. Y camina a la barra donde ha pasado tantas noches cambiando historias cochinas con la cantinera, Guadalupe, su novia vieja y gastada de muchos años. Tunomás Honey siempre se volvía a ella cuando sus planes amorosos se estallaban en su cara. A la Guadalupe no le importaba si él miraba a otras mujeres. Ella siempre apreciaba sus palabras de cariño (aunque eran las mismitas todo el tiempo) y, de todos modos, él no era ni tan buena presa.

Lo bueno fue que se entendían uno al otro y sentían una libertad cuando hablaban juntos. Como había cierta clase de amor entre ellos pero nada de interés, podían decir lo que les daba la buena gana.

—Oh, mi pobre potrillito, te dieron otra buena, ¿no? —preguntó la Guadalupe, mientras él se sentaba.

—Pues, sí, mi linda. Esa sí es media caliente. Y dicen que entre más chica, más brava.

—Bueno, ójale que hayas aprendido tu lección. No te traen más que puras bromas esas viudas jovencitas.

—Sí, hija —dijo, tocándose el cachete todavía medio adormecido por el golpe que había agarrado—. Ya aprendí... que ella todavía no andaba suficiente embolada.

—Ay, ¡qué tonto! —exclamó la Guadalupe, limpiando la barra con su trapito blanco por la millonésima vez—. Cuidado que no te metas en una trampita como te pasó con la Margarita.

Y, a pesar de la miseria que ese episodio le había causado, hasta Tunomás Honey tuvo que soltar una risa.

El problema con la Margarita resultó de dos defectos fatales que Tunomás Honey siempre había tenido en su carácter—una distinta falta de dominio sobre sí mismo (particularmente con las hembras) y una indiferencia tocante a ese asunto de matrimonio. Es decir, si a

Tunomás Honey wanted a woman, he'd go after her without the slightest concern about whether she happened to be married or not.

Tunomás Honey survived on his government check. But he augmented that income working as a masseur and healer. María Dolores, his mother, had served as the area's curandera for many years back in the times when the only available doctors were the few in Santa Fe. She would cure everyone with her herbs and bitter home remedies and was also the village midwife. A woman more loyal and sensitive to the people's needs had never existed. And María Dolores, before dying of tuberculosis, had taught some of her folk wisdom to her son.

And so Tunomás Honey had succeeded his mother in the role of aiding the people with their aches and pains. However, now that everybody went to the clinics and hospitals, his practice was somewhat limited to the old ones who still believed in traditional cures.

But once in a while he'd get a younger patient, almost always with the complaint of pain in the neck or back. Because of Tunomás Honey's reputation as a masseur, a lot of people preferred him over a chiropractor. At least Tunomás Honey rubbed them down instead of wasting all his time on X-rays. And, of course, he charged a good deal less.

Margarita was one of those younger people suffering from back pain. She'd been coming for a massage once a week and, by the end of a month, was feeling a great deal better. But it was a torment for Tunomás Honey to massage that long, nude back with its suggestion of soft and incredibly beautiful curves farther below. The entire business was challenging his professionalism mightily until at last he knuckled under (as he always knew he would).

One afternoon he was massaging the lovely whiteness that was Margarita's back when he announced: "Now what we have to do is find the maturanga." "Maturanga" was Tunomás Honey's own coined word for the knot of nerves and muscles that masseurs are always trying to loosen. And, with that, Tunomás Honey began to move his hands down below, working all the time—massaging, massaging—until they had crept underneath the sheet.

"No, not there!" protested Margarita.

But Tunomás Honey continued to creep down, insisting: "No, don't worry. I'm only looking for the maturanga. We've got to find the maturanga!"

él le cuadraba una mujer, la perseguía sin ninguna preocupación si estaba casada o no.

Tunomás Honey vivía por su cheque del gobierno. Pero aumentaba ese dinerito con su trabajo como sobador y médico. Su madre, María Dolores, había servido de curandera al área por muchos años en aquellos tiempos cuando no había más doctores que los pocos allá en Santa Fé. Ella curaba a toda la plebe con sus yerbas y remedios mordaces y también servía de partera. Una mujer más fiel y sensitiva a las necesidades de su gente no había existido. Y la María Dolores, antes de morirse de la tis, le había enseñado algo de su sabiduría a su hijo.

De modo que Tunomás Honey seguía en la onda de ayudarle a la plebe con sus dolores y enfermedades. Nomás que ahora, como todos ya se iban a las clínicas y hospitales, su práctica estaba algo limitada a los puros viejitos que todavía creían en los remedios de la gente.

Pero, de vez en cuando, agarraba un paciente más joven, casi siempre con la queja de dolor de la espalda o nuca. Como Tunomás Honey tenía fama de ser buen sobador, muchos venían mejor a él que a un quiropráctico. El, a lo menos, los sobaba y no gastaba todo su tiempo retratándolos—y cierto que les cobraba mucho menos.

La Margarita era una de esas que tenía dolor del espinazo. Y ella venía a que le sobara cada semana y al cabo de un mes ya estaba sintiendo mucho alivio. Nomás que era un tormento para Tunomás Honey sobar esa espalda larga y desnuda con la sugestión de curvas blanditas y hermosísimas ahí abajo. Estaba probando su profesionalismo poderosamente hasta que al fin se rajó (como sabía que iba a rajarse).

Una tarde estaba allí sobando esa blancura bonita que era la espalda de la Margarita cuando dijo: —Ahora lo que tenemos que hacer es hallar la maturanga —"maturanga" era su palabra inventada para el ñudo de nervios y muslos que los sobadores siempre están queriendo desatar. Y, diciendo eso, Tunomás Honey comenzó a mover las manos más para abajo, trabajando todo el tiempo—sobando, sobando—hasta que había entrado abajo de la sábana.

—Ahí no —protestaba la Margarita.

Pero Tunomás Honey siguió pa'bajo, insistiendo: —No, no te apenes. Estoy nomás buscando la maturanga. Tenemos que hallar la maturanga.

And his hands went exploring the feminine fissure until Margarita decided her masseur was not involved in any medical business whatsoever and leaped from the bed with the sheet wrapped around her, screaming:

"You pig! You dirty old creep!"

And she left without paying him a penny.

Which would have been bad enough in itself, but that very evening, when he had just sat down at the table for a supper of potatoes and chile, Tunomás Honey heard a knock at his door. He opened it to find Jorge Naranjo standing there. Jorge, as everyone in the valley knew (except Tunomás Honey it seemed), was the husband of Margarita Naranjo.

"Take this, fucker! Here's your maturanga!" said Jorge, punching Tunomás Honey in the nose and then, when he fell, giving him some well-placed kicks in the ribs.

Well, Tunomás Honey ended up with two broken ribs and a busted nose (not to mention his poor shattered heart). And he was worried for a long time afterwards that his twisted nose would sabotage his romantic activities. He'd complain to anyone who'd give him the opportunity that if Jorge had only given him the chance, he would have explained everything (or, at least, he would have begged him not to hit a cripple).

"Ay, Margarita!" sighed Tunomás Honey with an intoxicated melancholy in his voice (and a vestige of barely sublimated passion).

"Listen, Guadalupe. I'm going to go over and talk to Mollie again to see if she's cooled off a little."

"Oh, what an idiot! Won't you ever learn, man?"

"I'm just going to go talk to her so she doesn't stay mad. But," he added, approaching Guadalupe and winking affectionately, "if it doesn't work out with her, what do you say we get together tonight? Just you and me, eh?"

Guadalupe said nothing, simply turning her cheek to receive his kiss while he said: "Tú nomás. Tú nomás, honey."

And he disappeared.

Y sus manos fueron explorando la hendedura femenina hasta que ya la Margarita decidió que su sobador no estaba empeñado en ningún negocio de medicina y brincó de la cama con la sábana envuelta, gritando:

—¡Cochino! ¡Desgraciado!

Y se fue sin pagarle un centavo.

Eso fuera malo suficiente, pero esa misma noche, cuando apenas se había sentado Tunomás Honey en su mesa a tener su cena de papas y chilito, tocaron en la puerta. Pues, abrió la puerta y ahí estaba parado Jorge Naranjo, marido de la Margarita Naranjo (como todos en el valle, menos Tunomás Honey, quizás, sabían).

—Toma, cabroncito. ¡Aquí está la maturanga! —dijo el Jorge, dándole un buen golpe en las narices a Tunomás Honey y luego, cuando se cayó, unas patadas bien dadas en las costillas.

Pues, Tunomás Honey se quedó con dos costillas y las narices quebradas (no mencionando su corazoncito). Y se apenó un buen tiempo después que sus narices torcidas iban a impedir su ocupación de amor. Se quejaba a todos que le daban atención, que si el Jorge le hubiera dado el tiempo, él habría explicado todo (o, a lo menos, le habría rogado de que no le pegara a un pobre cojito).

—Ay, ¡qué la Margarita! —dijo Tunomás Honey a la Guadalupe, con una tristeza emborrachada en su voz (y también un vestigio de pasión apenitas apagada).

—Oyes, Guadalupe. Voy a platicar con la Mollie otra vez a ver si se ha enfriado un poquito.

—Ooh, ¡qué pendejito! ¿Es que no puedes aprender, hombre?

—Bueno, nomás voy a platicar con ella pa' que no se quede enojada. Pero —dijo, arrimándose a la Guadalupe, pestañeándola cariñosamente—, si no trabaja con ella, ¿qué dices si nos juntamos esta noche? Yo y tú, ¿eh?

La Guadalupe no dijo nada, solamente volteando la cara para recibir su besito en el cachete mientras que él le dijo:

—Tú nomás. Tú nomás, honey.

Y se desapareció.

A Little Poison Won't Kill You

She sits in her kitchen eating chile. Sweat pours down the creases of her face. She gasps between each bite and exclaims: "Oh, Dios!"

"Ay, this chile is hot—but good. Don't you want any, m'hijo? Are you sure? I know, I know—it's pure poison, but a little poison won't kill you, hijo. Listen, come over here a little closer. I can't even see you too well. Ay, hijo, my eyes are giving out. I used to crochet all the time—well, you know it. Do you still have that sweater I made for you? My vision's very poor—the diabetes, I guess. I can't even make a decent cigarette anymore. Ay, how the years wear you down, hijito. You don't know—you still don't understand.

"And then what happens? You end up abandoned, totally alone in the world. You don't know, hijito. Listen, move a little closer—I still can't see you. Why don't you ever come to visit me? You don't know what it's like to be here alone all day. Ay, the days are so long. And I can't do anything for myself anymore, you know. I can't even sleep, what with the neighbor's dogs bark, bark, bark all night long. Oh, Dios, how I hate those dogs!

"But you don't know, hijito, how hard it is to get old. Now Fernando wants me to go to the Four Seasons over there in Santa Fe. But who wants to go live in a place with a bunch of rotting old people? I bet they don't even give you any chile to eat there. And who knows—they probably wouldn't even let me smoke my Velvet. Oh no, m'hijo—that's not for me. I've seen what they do to people. They make you even older than you are. No, really, they finish you off. I saw Felipa over there. Poor thing, she couldn't even feed

Poco veneno no mata

Ella está sentada en su cocinita comiendo chile. Sudor corre por las arrugas de su cara. Sopla entre cada bocado y dice: —Oh Dios.

—Ay, ¡cómo está quemoso este chile!—pero qué bueno. ¿No quieres, m'hijo? ¿Estás cierto? Yo sé, yo sé que es puro veneno, pero poco veneno no mata, hijo. Oyes, arrímate un poquito. No te puedo ver bien. Ay, hijo, ya se me acabaron los ojos. Más antes yo crochaba todo el tiempo—pues, tú lo sabes. ¿Todavía tienes la suera que te hice? Ya mi vista está muy atrasada, creo que a causa del azúcar en la sangre. No puedo ni hacer un cigarrito. Ay, ¡qué duros son los años, hijito! Tú no sabes—tú no sabes todavía.

—Y luego uno se queda abandonado, bien solito en el mundo. Tú no sabes, hijito. Oyes, arrímate un poco más—todavía no te puedo ver. ¿Por qué no vienes a visitarme? Tú no sabes cómo me pongo aquí solita todo el día. Ay, ¡cómo son largos los días! Pues, ya no puedo hacer nada, sabes. Ni dormir puedo con esos perros demontres del vecino—ladre, ladre toda la noche—¡Oh Dios, cómo me canso de ellos!

—Pero tú no sabes, hijito, qué duro es llegar a la vejez. Ahora el Fernando quiere que vaya yo al Four Seasons allá en Santa Fé. Pero, ¿quién quiere vivir en una casa de puros podridos? Yo creo que ni chile le dan a uno allá. Quién sabe si me dejarían fumar mi Vélvete. Oh no, m'hijo—eso no es para mí. Yo he visto lo que hacen con la gente. Hacen a los viejos hasta más viejitos. No—sí, acaban con uno. Yo vide a mana Felipa allí. Pobrecita, ya ni podía comer sin ayuda, y ella no estaba tan mal así cuando la mandaron pa' allá. ¡Qué vergüenza, hijito! Y ella era una mujer muy fuerte más

herself, and she wasn't that bad when they sent her to that place. What a shame, hijito! She used to be strong in her day—oh, a real woman! Well—she was the one who shot that 'Rosca Rota.' Haven't I told you about him?

"Oh, he was a bad one, that guy. Felipa was such a fine woman, but she wasn't good enough for him. Oh no—he used to go get it on with the neighbor woman—I think you know what I mean, no? So, one night Felipa just got fed up with all his lies, I guess, and she went over there to the neighbor's house with a rifle. Well, she found them there, all right—and caught them in the act! She shot him in his bare behind and he ended up with that nickname, 'Rosca Rota.'

"Ay, but she looked so bad at that Four Seasons place! It's the years, hijito—so hard to get old. I used to have my fun too when I was younger, but not anymore.

"Listen, have I told you that joke—the one about 'in the old days, yes, but not anymore?' Well, it seems there was an old lady who had a terrible toothache. Finally, she decided to go to the dentist. This dentist was a gringo, but he was trying very hard to learn Spanish. Okay. After he had worked for awhile on the old woman, he turned off the drill to tell her to empty out her mouth. But, since he couldn't speak Spanish too well, instead of saying 'escupa,' he said 'es puta.' The poor old lady just looked at him and said, 'In the old days, yes—but not any more.'

"Are you sure you wouldn't like a little chile? Yes, I know what the doctors say. But look, hijo, that stupid diet is no good. It's this chile here that has me still alive, you know. And what right do you have anyway to boss me around? You're hardly ever here. I'm just fine right now, hijito, but why don't you come around when I'm sick? That's when I need you, but no—you're out wandering around, who knows where—on the go all the time. Oh, Dios, you don't know how hard it is for me all alone here! The other day I lost my glasses. I looked for them all day—all day!—and then I fell in the bathtub. But what does it matter to you anyway? You're free—free and happy—what do you care about a worn-out old lady?

"Do you want a cigarette? Well, I'm going to make myself one. And don't you even say it! I know, I know—but those doctors want me to cut out everything that's good—all the best things. Anyway, my mother used to smoke all the time and she lived to be ninety-five. Imagine that, hijo! And she'd smoke nothing but homegrown tobacco—real strong stuff, you know. Leave me alone, hijo—let me

antes—una mujerota. Pues, ella era la que balió a ese Rosca Rota. ¿Que no te he platicado de él?

—Ooh—ése era un cabrón bien hecho. Tan buenaza la Felipa, pero él no se contentaba con ella. Pues, salía a hacer golpe con la vecina—me entiendes, yo creo, ¿no? Bueno, una noche mana Felipa se colmó con sus mentiras, quizás, y fue a la casa de la vecina con un rifle. Pues, ahí los halló metidos en el mero negocio. Le dio un balazo en las nalgas y él se quedó con ese sobrenombre— el Rosca Rota.

—Ay, pero, ¡qué acabada parecía la pobre allá en el Four Seasons! Son los años, hijito—tan trabajoso que es llegar a viejo. Yo también tenía mi "fon" más antes cuando era jovencita, pero ya no.

—Oyes, ¿no te he contado el chiste de "antes sí, pero ya no"? Pues, isque una vez había una vieja con una postemilla que le estaba molestando mucho. Al fin tuvo que ir al dentista. Este dentista era un gringo pero estaba haciendo lucha de aprender a hablar español. Bueno. Ya que había trabajado un rato en la viejita, paró la barrenita, y le quería decir que escupiera. Nomás que como no podía hablar mexicano tan bien, le dijo: "Es-puta, señora". Y la pobre viejita nomás lo miró y le respondió: "Antes sí, pero ya no".

—¿Estás cierto que no quieres comer un poco chilito? Sí, hijo, yo sé qué dicen los doctores. Pero mira, hijo, esta dieta fregada no sirve. Es el chile que me tiene viva, sabes. Y ¿qué derecho tienes tú de llegar acá tan a lo lejos y luego querer mandarme? Ahora estoy bien, hijito, pero, ¿por qué no me das vuelta cuando estoy enferma? Entonces es cuando te ocupo, pero no—tú andas quién sabe 'onde, puro "go...go...go". ¡Oh Dios!—tú no sabes qué duro es para mí aquí solita. El otro día perdí los anteojos. Los busqué todo el día— ¡todo el día!—y luego me caí en el baño. Pero a ti, ¿qué te importa? Tú andas suelto, bien libre—¿qué te va a importar de una vieja acabada?

—¿No quieres un cigarrito? Pues, yo voy a hacerme uno. No me digas. Yo sé, yo sé—pero esos doctores me quieren negar todo lo bueno, todo lo bueno. De todos modos, mi mamá fumaba todo el tiempo y ella duró hasta noventa y cinco. ¡Fíjate hijo!—y ella fumaba puro punche mexicano—muy fuerte, sabes. Déjame en paz, hijo—déjame tener mis vicios—tan pocos que tengo ya. Al cabo que un poco de veneno no mata.

—Oyes, arrímate un poco más, hijito. Yo no sé porque quieres sentarte tan lejos. ¿No oites lo que le pasó al vecino Pedro ayer?

keep my vices, the few ones I still have. Anyhow, a little poison won't kill you.

"Listen, move up a little closer, hijito. I don't understand why you have to sit so far away. Did you hear what happened to my neighbor Pedro yesterday? Well, he has diabetes, too—you knew it, didn't you? He was going to go to the mountains to look for some calves. I don't know what business a man of his age has up in the mountains, but the story is that he didn't want to take along his needle and all that stuff with him. So, he gave himself two shots in the morning right away. Oh, Dios, how sick the poor man got! They had to take him to the hospital in an ambulance, poor thing. But it wasn't really his fault, you know. He just figured that two shots at once wouldn't hurt him. He didn't know any better, I guess.

"And that's the way it goes—that's what happens when you're all alone. There's no one there to tell you yes or no. You do the best you can, you know, just like me here. Well, what am I supposed to do when things break and I'm here all by myself? And then that worthless telephone doesn't even work half the time. I just have to try and fix everything myself. And I do repair a lot of things. Look, hijo, I even used to do some carpentry. I made these two rooms here, you know. Oh no, I've never been afraid of a man's work. And I still fix quite a few things, like that stupid heater that's always going off. Well, I just give it a good kick and it goes on again.

"No, hijito, I still do well—old as I am and nearly blind, too. I still do pretty well. And all alone, too. Oh, Dios, you don't know what it is to be alone all the time! But I guess I've gotten used to it. I've spent almost my whole life alone. You know it—better than anyone, I suppose. And I remember when your father killed himself. Afterwards, all the neighbors were telling me I ought to find another husband, that I was too young to spend the rest of my life as a widow. But I didn't want another man, you know—it's better to stay alone I used to say then. And that's exactly what I did. Anyway, hijo, we're born alone and we all die alone.

"Listen, would you promise me one thing? There's only one thing I'm going to ask of you—that you have a mass said for me when I die. That's the only thing I'm going to ask of you. Even though you never visit me now when I'm alive, please don't forget me after I'm gone. Is that all right? Ay, hijo, I'm afraid. I'm afraid to die, you know. Oh, Dios, if only I had Eufemia's faith! It's not that I don't believe, hijo. You know I say my rosary every day, but what . . . if there isn't a heaven? What if heaven's just a story, made

Pues, él tiene el azúcar en la sangre también—tú lo sabías, ¿que no? Bueno, iba a ir pa'l monte a buscar unos becerros—yo no sé qué negocios tiene un hombre de su edad en el monte—pero el cuento es que él no quizo llevar su aguja y todo el garrero pa' allá. De modo que se echó dos "shotes" en la mañana de una vez. ¡Oh Dios!— cómo se enfermó el pobre. Lo tuvieron que llevar pa'l hospital en la ambulancia, pobrecito. Pero no lo culpo tanto, sabes. El figuraba que dos "shotes" a la vez no le harían mal. El pobre no supo mejor, yo creo.

—Y así pasa, asina mero pasa, hijo, cuando uno está solo. No hay naiden que le puede decir a uno que sí o que no. Hace uno lo mejor que puede, sabes, como yo aquí. Pues, ¿qué voy a hacer yo cuando se descomponen las cosas, y yo aquí solita? Y luego con esa mugre de telefón que no trabaja la mitad del tiempo. Bueno, yo misma tengo que hacer lucha de componer todo. Y sí, compongo muchas cosas. Pues mira hijo, yo más antes hasta le entraba a la carpintería. Yo levanté estos dos cuartos, sabes—no, yo nunca le tenía miedo al trabajo del hombre. Y yo todavía compongo muchas cosas, como ese fogón frega'o que cada rato se apaga. Pues, nomás le doy una buena patada y ahí prende otra vez.

—Oh no, hijito, yo todavía hago bien—para tantos años que tengo, y luego casi ciega también—yo todavía hago muy bien. Y solita. ¡Oh Dios!—tú no sabes qué es estar solita todo el tiempo. Bueno, pero ya me impuse quizás. Pues, he pasado casi toda la vida sola. Tú lo sabes—mejor que naiden, yo creo. Y yo me acuerdo cuando tu papá se mató, ya después todas las vecinas me decían que yo debería buscarme otro esposo—que yo todavía estaba muy joven para pasar mi vida como viuda. Pero yo no quería otro hombre, sabes—mejor quedarme solita, decía yo entonces. Bueno, y así me quedé. Al cabo que uno nace solo y se muere solo, hijo.

—Oyes, ¿no me puedes prometer una cosa? Nomás una cosita te pido—que me pagues una misa cuando yo ya me muera. Es la única cosa que te voy a pedir. Aunque no me visitas ahora que estoy viva—por favor, no me vayas a olvidar cuando esté muerta. ¿Está bien? Ah, hijo, tengo miedo. Tengo miedo morirme, sabes. ¡Oh Dios!—si yo tuviera la fe de la Eufemia. No es que no creo, hijo. Tú sabes que rezo mi rosario cada día—pero que . . . ¿que si no hay cielo? ¿Que si la gloria no es más que una historia compuesta para que no nos apenemos? Yo sé, yo sé, hijo, que no debía pensar así, pero no puedo menos. Y yo creo que todos los viejos pensarán lo mismo—nomás que nunca pueden decirlo a naiden, porque los

up so we won't worry too much? I know, I know, hijo, that I shouldn't think like this, but I can't help it. And I bet everyone who reaches my age thinks the same way. It's just that we can never tell anyone, because all the younger folks would be frightened if they knew. Everyone, that is, except for Eufemia. That woman is a real saint. But have a mass said for me, okay? Even if it's just a whistled mass.

"What? You haven't heard the joke about the whistled mass? Well, there once was this selfish boy—a real tightwad, you know, and he went to the priest to pay for a mass. And he asked the priest how much it would cost to have him sing a High Mass. When he didn't like the price, he asked what it would cost to have him recite a Low Mass. Well, he didn't care for that price either, so he told the priest: 'Oh, then just whistle a mass for me!' So, pay for a mass for me, hijo—a whistled mass, if nothing else. Hijo? Where are you, hijito?

"Did you leave again? Without saying goodbye? Oh, Dios!"

And the old woman struggles to her feet and stumbles to the window. She gazes outside, trying to see the son who isn't there. Searching for the child she never had.

jóvenes se espantarían si supieran. Bueno, todos menos la Eufemia.
Esa mujer sí es una santa. Pero me pagas una misa, ¿bueno?—una
misa chiflada a lo menos.

—¿Qué? ¿No has oído ese chiste de la misa chiflada? Pues,
había este muchacho murre apretado, sabes—que fue al padre a
pagar una misa. Y le preguntó cuánto costaba una misa cantada.
Cuando no le gustó el precio, le preguntó por una misa rezada.
Pues, tampoco le cuadró ese precio y luego le dijo al padre: "Oh,
deme una misa chiflada entonces". De modo que págame una misa
chiflada si nada más hijo. ¿Hijo? ¿Dónde estás hijito?

—¿Que ya te fuites otra vez? ¿Sin despedirte? ¡Oh Dios!

Y la vieja se levanta con mucha dificultad y tropieza hacia la
ventana, mirando pa' fuera, queriendo ver al hijo que no estaba allí.
Buscando al hijo que nunca tuvo.

El americano

Darryl Galván looked at his drunken uncle yelling at him to turn the truck to the left and at his grandfather signaling him to the right. Finally, in a state of paranoia and panic, he lurched straight ahead. The huge tire of the truck immediately collided with a bale of hay, breaking and scattering it, while both men threw up their hands in exasperation and supplication to God to grant them patience with this idiot boy driving the truck. Darryl's uncle approached the truck, arms waving like a windmill, cursing worse than ever. Darryl Galván turned off the motor and simply closed his eyes.

It had been four years now since his father had sent him with his grandfather Morfín up to the ranch in Los Cañones to harvest the hay. Darryl couldn't stand the annual visit. He always felt like an outsider—partly because of his bizarre uncle who said and did whatever came into his head. Plus, Darryl Francis Galván couldn't speak Spanish. And his relatives in the mountains spoke nothing else.

"Get out of there!" his grandfather yelled at him in Spanish, hauling him from the seat and backing the truck up while Darryl's uncle tried to tie the bale up again with the broken wires.

It wasn't the first time Darryl had made a mistake driving the truck. He'd always hit the deepest holes in the field, capsizing the precarious pyramid of hay before they'd reach the corral, forcing everyone to throw the bales back up on top. And, since the ancient logs of the corral left no more than six feet of clearance, Darryl ran into them all the time, battering them around until even his great-grandfather wouldn't recognize the gate of the corral. One time he even drove the truck into the ditch with a load of hay when he got too close to the edge of the bridge. His grandfather had to spend

El americano

Darryl Galván le miró a su tío borracho gritándole que manejara la troca para la izquierda y a su abuelo enseñándole que iría para la derecha. Al fin, en un estado de paranoia y pánico, se dejó ir derecho pa' delante. De una vez pegó a un bil de zacate con la llanta grande de la troca, desbaratándolo, mientras que los dos hombres tiraron las manos pa'l cielo en exasperación y suplicación a Dios que les diera paciencia con este muchacho pendejito manejando la troca. Su tío, los brazos volando como un molino de viento, se acercaba a la troca, maldiciéndolo más que nunca. Y el Darryl Galván apagó la troca y nomás cerró los ojos.

Por cuatro años ya su papá le había mandado con su abuelo Morfín cuando él iba a su rancho en Los Cañones a juntar el zacate. El Darryl no podía aguantar su visita anual. El se sentía como un extranjero—en parte por estar medio espantado con su tío estrambólico que decía y hacía cualquier cosa que se le metía en la cabeza, y también porque el Darryl Francis Galván no hablaba español. Y su parentela de la sierra no hablaba más.

—Quítate de ahí —le gritó su abuelo, jalándolo del asiento y reculando la troca mientras que su tío hacía fuerza de amarrar el bil de vuelta con los alambres quebrados.

No era la primera vez que el Darryl se había equivocado en el manejo de la troca. Cada rato les pegaba a los pozos más hondos y volcaba la pirámide precaria de zacate antes de llegar al corral, forzando todos a echar los biles que habían caído otra vez pa' arriba. Y como los palos antiguos del corral no dejaban más que seis pies de entrada, casi siempre los topaba con la troca, trocándolos hasta que ya ni su bisabuelo reconocía la pobre puerta del corral. Una vez hasta cayó en la troca con ti zacate en la 'cequia

the entire afternoon cursing with the jack and the pulley, trying to get the truck out. On that occasion, it was to Darryl's distinct advantage that he didn't understand Spanish.

Now, having blundered again, Darryl had to suffer the traditional demotion. His grandfather took over the driving, while Darryl climbed out into the heat to handle the bales.

"Hey, Americano," Darryl's uncle called to him in Spanish (he had nicknamed Darryl "el Americano" because of his inability to speak mexicano), "it looks like they threw you out again."

Darryl just followed the truck in angry silence with his eyes glued to the ground, bucking the bales that seemed to weigh at least three hundred pounds each, while he tried his best to ignore his blabbering uncle. Darryl retreated inside his head and wondered. Why in hell was he here anyway? How in the world could he possibly be related to this drunken creature chattering away in Spanish? And why . . . why did he have to spend such a large part of his life feeling lost?

But that was unavoidable, for Darryl from the very beginning had always been a bit—well, a bit odd. He gave his mother a difficult labor, since he came out backwards, feet first (probably trying to hold onto his warm and secure home with his hands). And, from that moment forward, he grew up more or less in reverse.

When he was a child, Darryl used to always put on his mother's high heels. He got around pretty well in them, too—he never lost his balance with his heels perched three inches above the floor, even though his tiny feet were literally swimming in the gigantic shoes. At first, his parents thought it was cute, but when he was almost five years old and the time for going to school was rapidly approaching, they quit laughing when Darryl would steal his aunts' or neighbors' shoes and suddenly appear rounding the corner in his beloved high heels.

Darryl's father began hitting him with the shoes. And when blows to his behind didn't phase the boy, Darryl's father started beating him over the head. Actually, everyone in the family hit Darryl on the head—his mother, brothers, and bigger cousins—and who knows whether that practice didn't muddle the boy's mind even more. But Darryl was such a mischievous and difficult child (rolling on the floor and squealing like a wounded pig when he didn't get his way) that one could hardly resist the temptation to give him a good bop on his hard head.

cuando se arrimó mucho a un lado de la puente. Su abuelo tuvo que pasar toda la tarde renegando con el "yaque" y la rondanilla, queriendo sacar la troca y, esa vez, era una ventaja para el Darryl que no entendía español.

Ahora, como cada vez que se equivocaba, el Darryl tuvo que sufrir el castigo tradicional. Se apeó del asiento a manejar biles en lugar de la troca.

—Oyes, americano —le dijo su tío al Darryl (siempre le apodaba "americano" porque no hablaba español)—, parece que te echaron otra vez.

El Darryl, callado y enojado, siguió a la troca con los ojos plantados en el suelo, echando los biles que parecían que pesaban trescientas libras cada uno. Haciendo fuerza de ignorar a su tío, que continuaba su plática, el Darryl se preguntó por qué estaba aquí, cómo podía ser pariente de esta criatura embolada charlando sin cesar en mexicano, y por qué pasaba una gran parte de su vida sintiéndose perdido.

Pero eso no tuvo remedio, quizás, porque desde el principio el Darryl había sido un poco—pues, un poco curioso. A su mamá le dio muy duro parto como salió patas abajo (yo creo queriendo prenderse de su hogar seguro y calientito con las manitas). Y siguió en su juventud más o menos al revés.

Cuando era niño se subía todo el tiempo en los tacones altos de su mamá. Y muy bien andaba en ellos—nunca perdía su balance con los talones tres pulgadas arriba del suelo, aunque sus pies chiquititos nadaban en los zapatos gigantes. Al principio les daba risa a sus papaces pero cuando alcanzó a los cinco años y el tiempo de ir a la escuela se acercó, ya no se reían cuando el Darryl se robaba los zapatos de las tías y vecinas y de repente aparecía doblando la esquina en sus queridos zapatos.

Su papá comenzaba a pegarle con el mismo zapato. Y cuando las nalgadas no trabajaron, le empezaba a pegar en la cabeza. En efecto, toda la familia le pegaba en la cabeza—su mamá, hermanos y primos grandes, y quién sabe si esa maña no le meneó más la mente del chamaquito. Pero el Darryl era un muchacho tan travieso y tan malcriado (rodando en el suelo y chillando como un marrano lastimado cuando no le cumplían sus deseos), que casi no podía uno resistir la tentación de darle una buena en su cabeza de hueso.

He didn't do it on purpose, yet it always seemed that Darryl ended up in the wrong place at the worst time. As soon as he entered first grade at Sacred Heart School, the older boys spotted him as a weird kid, a perfect victim for their tricks. As Darryl was promptly indoctrinated by the strict nuns and behaved like a model saint, the sixth-graders set him up for a little "holy" joke. Before one of the masses during Lent, they told Darryl that the time had come for him to take Holy Communion. They convinced him that he was, after all, pure of mind and heart, and when the other children got up to receive the body of Christ, Darryl went with them, even though he had not yet received his first communion. And if that wasn't enough to crack up the big kids, when Darryl arrived in front of the priest he didn't say "Amen." He said "hello," in a polite introduction to the Holy Eucharist. For days afterwards, the nuns preached about the importance of the first communion to all the students in the school and Darryl suffered the fate of the ostracized sinner, as all the children blamed him for the fact that they were losing their recess to listen to interminable sermons.

Darryl never could escape that sense of isolation, that feeling that he went through life like some kind of alien. He never had friends in high school. He remained aloof from the others, alone with his books and his music, spending the long hours reading or listening to his stereo. And when his peers made fun of him in school for being so unusual, Darryl never defended himself. No, instead he'd just think to himself that he was better than they were—different, but more intelligent.

That really wasn't so difficult for Darryl to do. The school he attended in Fairview was the only private secondary school in town. It skimmed off all the Anglos in the community who didn't want to go to the public schools with the Mexicans and Indians. And the few Chicanos who did attend Fairview High were obligated to leave their culture, customs, and accent outside, like shoes at the door. It was a place where they scrubbed down la Raza until they shone whiter than the finest china.

But none of that bothered Darryl. He had never felt like a member of la Raza anyway. He even detested his mother's maiden name. Morfín—it had such an ordinary sound, so crude. What good fortune that his father's last name sounded French! Gal-ván. Now that was a name that fit Darryl.

His father's name was fine, but the man himself made Darryl's perfect little world miserable. Darryl's father couldn't tolerate his

En veces no lo hacía de adrede, pero siempre tocaba que el Darryl andaba atrocado. Nomás entró en el primer libro en la Escuela del Sagrado Corazón, que los chamacos grandes lo "spotearon" como un chico diferente, una buena víctima para sus engaños. Como el Darryl pronto se doctrinó con las monjas severas y se hacía bien santito, pues los muchachos malditos del libro sexto se aprovecharon de él. Antes de una misa de la cuaresma, estos malvados le dijeron al Darryl que ya el tiempo había llegado para que comulgara. Le convencieron de que era puro de corazón y pensamiento y cuando los demás muchachos se levantaron para tomar el cuerpo de Cristo, el Darryl también fue con ellos, aunque él todavía no había recibido su primera comunión. Y si eso no fuera suficiente para darles risa a los muchachos grandes, cuando el Darryl llegó en frente del padre, en lugar de decir "amén", dijo, en un tono bien político, "jalo". Por días después, las monjas les predicaron a todos los estudiantes de la importancia de la primera comunión, y el Darryl sufrió la pena del pecador desterrado, porque todos los muchachos le echaron la culpa a él de que estaban perdiendo su recreo para escuchar a sermones interminables.

El Darryl nunca podía escapar ese sentido de soledad, esa percepción de que pasaba su vida como un extranjero. Nunca tenía amigos en la escuela. Se quedaba aparte de los demás, solito con sus libros y su música, pasando las horas largas leyendo o escuchando su estéreo. Y cuando los otros se burlaron de él en la escuela por ser tan extraño, pues el Darryl no se defendió. Lo que hacía era pensar en su mente que era mejor que ellos, diferente pero más inteligente.

Eso no fue difícil para el Darryl. La escuela en Fairview donde él asistía era la única escuela secundaria en la plaza que era privada. Desnataba a toda la gringada de la comunidad, como ellos no querían ir a las escuelas públicas con toda la mexicanada e indiada. Y los cuantos chicanos que iban a Fairview tenían que dejar sus costumbres, cultura y acento afuera, como los zapatos en la puerta. Era un lugar donde fregaban tanto a la raza hasta que ya salían más blancos que los trastes.

Pero eso no le importaba al Darryl. Al cabo que él nunca se había sentido como "raza"—hasta detestaba el apelativo de su madre. Morfín—tenía un sonido tan ordinario, tan basto. ¡Qué suerte que el apelativo de su padre sonaba como nombre francés! Gal-ván. Eso sí le quedaba al Darryl.

youngest son, couldn't stand his books or his ways. And, most of all, he refused to accept his son's effeminacy. How could he, such a widely respected man, produce this limp-wristed wonder? It wasn't his son he was worried about, but what would people say about him? That was the reason he decided to send Darryl up to the ranch every summer, so he could learn how to work, so maybe he could understand what it meant to be a real man. When Darryl protested that he couldn't even understand what those crazy people up in the mountains were saying, that only confirmed his worthlessness to his father.

Darryl never could please his father and the only time the old man gave him any attention was to scold him. That happened almost every time Darryl's father made him feed the animals, a chore that was utterly repugnant to Darryl because he could never do it right. It always turned out that he had given the wrong hay to the cattle or too little grain to the horses.

Darryl still remembered the time he let the pig get out of the sty. He was about eight years old at the time and, in his hurry to finish his chores and return to his games inside the house, he forgot to close the gate. Darryl's father was already fuming because he had spent all morning fixing the knife on his hay cutter—he had twisted the blade himself when he had run into the gate of the corral. When he saw the pig trotting around loose, he blew his top. He grabbed a stick, drove the pig back into the sty, and then went for Darryl. There, in front of the corral, he whipped Darryl with the same stick he had used on the pig. The boy's cries nearly became indistinguishable from the pig's frightened grunts. Half insane with anger at his tractor, his son, and his entire life, he continued beating the boy until his wife came running out of the house.

"Careful with those bales, Americano! Sometimes rattlesnakes hide underneath them," Darryl's tipsy uncle warned him in Spanish, while he leaped back in counterfeit fear every time he turned over a bale.

Darryl stared in disgust at his uncle—his filthy green army shirt, low-slung ragged pants, cracked lips, unruly whiskers, wild hair with alfalfa stalks hanging at all angles, the snot running from his nose, and his twisted hat which looked like a rabid dog's plaything—and shook with revulsion.

Todo hubiera corrido bien en este mundo perfecto del Darryl Galván si no había sido por su papá. El no podía aguantar a su hijo menor—ni a sus libros, ni a sus mañas. Y especialmente no podía aceptar su afeminación. ¿Cómo podía él, hombre tan respetado, producir este gallo-gallina? No se preocupaba tanto por su hijo—más se apenaba en lo que la gente iba a decir de él. Por eso, decidió de mandar a su hijo pa'l rancho cada verano para que él aprendiera a trabajar—por fin a ser macho. Y cuando el Darryl protestaba que no entendía nada de lo que esa gente de la sierra decía, eso nomás le confirmaba su inutilidad a su papá.

El Darryl nunca podía agradarle a su papá, y la poca atención que el viejo le ponía era para regañarlo. Eso casi siempre pasaba cuando su papá le mandaba que asistiera a los animales, cosa que le repugnaba al Darryl, porque él nunca podía hacerlo bien. Siempre resultaba que el Darryl les había echado el mal zacate a las vacas o muy poco grano a los caballos.

Todavía el Darryl se acordaba del tiempo cuando él dejó salir el marrano del trochil. Tenía como ocho años y, en su apuro de acabar con sus quehaceres para regresar a sus juegos adentro de la casa, dejó la puerta abierta. Ya su papá andaba medio enojado porque había pasado toda la mañana componiendo el cuchillo de su máquina de cortar que él mismo había quebrado pegándole a la puerta del cerco. Cuando vido al marrano suelto y gozando en su libertad, se le subió la mostaza. Agarró un palito, echó al marrano pa'trás en el trochil y luego fue y pescó al Darryl. Ahí delante del corral, le azotó con el mismo palo que había usado en el marrano. Los lloridos del muchacho casi no se distinguían de los gruñidos del marrano espantado. Medio loco con coraje a su tractor, a su hijo y a su vida entera, siguió castigando al muchacho hasta que por fin su esposa vino corriendo de la casa.

—¡Cuidado con estos biles, americano! En veces las víboras se esconden abajo —dijo el tío borracho, brincando pa'trás en miedo fingido cuando volteó un bil.

El Darryl miró a su tío con disgusto, dándose cuenta de la camisa verde y asquerosa del ejército, los calzones caídos y rotos, los labios quebrados, las barbas sin cortar, el cabello mesteño con garrotes de alfalfa colgando por dondequiera, los mocos corriendo por las narices y el sombrero torcido que parecía que era juguete de un perro bravo—y tembló con repugnancia.

"I'm warning you, Americano—there's rattlesnakes here," Darryl's uncle repeated in Spanish.

"What?" Darryl finally responded.

"Víboras," Darryl's uncle reiterated and then he added in English, "Esnakes. Rattelers."

With a shriek, Darryl leaped back three feet, while his uncle clutched his stomach in glee. Little by little, Darryl regained his equilibrium and calmed down. But what galled him the most was the realization that he would never again be able to pick up a bale without experiencing this poison of doubt and apprehension his uncle had just injected into his mind.

Darryl continued heaving the leaden bales, hopping back each time he turned one, as his uncle upended his bottle of Tokay and chuckled.

"Hey, Americano—you know why the gringos are so smart?" Darryl's uncle asked him.

When Darryl of course made no reply, his uncle continued, "Well, just look how good they talk English!"

And again the stupid laugh, until Darryl was convinced that if he didn't collapse from heat exhaustion, he'd probably end up dying from listening to his uncle. Just at that moment, his grandfather, taking pity on him, decided that Darryl's penance was over and sent him back inside the truck to drive.

Darryl's grandfather gazed at the dead-tired boy and said to his companion: "Kids these days are worthless! This is nothing. When I was younger, why we used to harvest all this hay with a pitchfork. Now that was real work!"

"Yeah, all he's good for is to drive the truck."

"He's not even any good for that," replied the old man, hoisting a bale as if it were weightless.

"Well, at least I can breathe in here," Darryl thought as he took the wheel. But the competition between his uncle and his grandfather resumed immediately, with his crazy uncle directing him downhill, while his grandfather motioned him to turn uphill. Darryl decided he feared his grandfather more and veered uphill.

Darryl's uncle marched up to the window, clearly disappointed at having lost the contest, and said: "Down, I told you. Down! Ay, you're just not worth a damn!"

As he turned to walk away, he suddenly was struck by an idea.

—Te digo, americano—hay víboras aquí.

—"What"? —respondió el Darryl al fin.

—Víboras. "Esnakes". "Rattelers", muchacho.

Y, dando un chillido, el Darryl saltó unos tres pies pa'trás, mientras que su tío empeñó la panza a reírse. Poco a poco el Darryl ganó su equilibrio y se calmó. Pero lo que le dio más coraje a él era que sabía que nunca más iba a poder agarrar un bil sin sentir este veneno de duda y miedo que su tío le había metido en la cabeza.

Siguió levantando los biles pesados, brincando cada vez que volteaba uno, mientras que su tío empinaba su botella de Tokay y se reía.

—Oyes, americano, ¿sabes por qué los gabachos son tan sabios?

Cuando el Darryl no respondió, siguió: —Pues, hombre, ¡mira qué bien hablan en inglés!

Y otra vez con la risa tonta, hasta que el Darryl estaba convencido que si no fallecía del calor, entonces se iba a morir nomás escuchando a su tío. Pero, a ese momento el abuelo, considerando que la penitencia de su nieto se había acabado, le tuvo lástima y le mandó otra vez pa' dentro la troca a manejar.

El abuelo vio a su nieto retecansado y le dijo a su compañero: —¡Cómo son inútiles los muchachos de hoy en día! Esto no es *nada*. Más antes teníamos que levantar todo el zacate con la pura horquilla. ¡Eso sí era trabajo!

—Sí, no sirve más que pa' arrear la troca.

—Ni pa' eso sirve —dijo el viejo, levantando un bil como si no pesaba nada.

—Bueno, aquí a lo menos puedo resollar —pensaba el Darryl, tomando la rueda. Nomás que pronto empezó la competición entre su tío y su abuelo, con su tío loco guiándolo pa'bajo mientras que su abuelo le decía que pa'rriba. El Darryl decidió que temía más a su abuelo y pescó pa'rriba.

Su tío caminó a la ventana, desanimado que había perdido, y dijo: —Pa'bajo, te dije. ¡Pa'bajo! Ay, ¡tú sí no vales un demonio!

Se volteó pa'trás cuando de repente le dio otra idea.

—¡Jé-ya, jé-ya, jón-ga, dí-ya! —cantó al estilo Navajo, dando patadas en un bailecito improvisado.

—Si no puedes entender el español, pueda que comprenderás en indio —explicó lógicamente, derritiéndose en otra risa.

"He-ya, he-ya, hon-ga, de-ya!" he sang Navajo style, kicking up his boots in an improvised dance.

"If you can't understand Spanish, well maybe you'll understand Indian," he explained logically, dissolving into laughter again.

All the way back to the corral, Darryl's uncle danced and spoke in Indian, while Darryl drove the truck and suffered his ridicule in silence.

Just when he felt he could tolerate it no longer, it was time for lunch.

Darryl could never believe the primitive condition of his aunt and uncle's existence. They had built their own adobe house near a rotting apple tree. There was trash everywhere—Coors and Schlitz cans, rusty cadavers of cars with the stuffing from the seats blowing away, an abandoned water heater, a cow skull and tattered shreds of cowhide, an ancient bicycle, an ax with a broken handle, egg shells and orange rinds, and a thousand pages of a Sears catalogue scattering in the breeze. There were a few sad chickens pecking at the bottlecaps that littered the yard. Some lazy pigs slovenly changed position, stirring up great swarms of flies.

Darryl hurried past the pig sty. As he approached the house, he realized how the stink of the animals carried right up to the door. When he walked into the house, he once again was struck by the crudeness of the kitchen, with its fallen plaster and the wood stove. Since his aunt and uncle had no running water in the house, Darryl had to take a pan of water outside to wash up. (He still remembered the first time he'd been at his uncle's house and had asked where the bathroom was—which became a hilarious joke to his uncle.)

While Darryl washed the hay dust from his face and chest, his little cousin watched in mute but intent curiosity. Darryl knew his cousin could speak English perfectly well, but he decided to speak to him in Spanish. Maybe he could prove to the little guy that he wasn't the idiot that everybody thought. (No one knew it, but Darryl was taking Spanish his senior year at Fairview High with Mr. Richardson.)

"How many age does they have?" Darryl asked his cousin in his faulty Spanish, choosing the words with extreme care.

And, to his great surprise, his cousin burst into laughter and ran off to tell his brothers what their stupid cousin had said.

When Darryl returned to the kitchen, his grandfather and uncle were already seated, sipping their coffee and chatting.

Y todo el camino pa'l corral, su tío hablaba y bailaba en indio, mientras que el Darryl sufría su burla, manejando la troca en silencio. Cuando ya no aguantaba más, era tiempo para "lonchar".

El Darryl nunca podía creer el modo rústico de sus tíos. Ellos mismos habían levantado la casa de adobe cerca de un árbol podrido de manzana. Había basura por dondequiera—jarros de Schlitz y Coors, cadáveres de carros mojosos con la lana que había llenado los asientos volando en el aire, un calentador de agua abandonado, una calavera y pedazos rotos de cuero de vaca, una bicicleta vieja, un hacha con el cabo quebrado, cáscaras de huevo y naranja y mil páginas de un catálogo de Sears partiéndose en todos rumbos en la brisa. Algunas gallinas tristes y acabadas picoteaban las tapas de botellas que llenaban la yarda. Unos marranos flojos cambiaban de posición despacio, meneando una multitud de moscas.

El Darryl pasó el trochil con prisa. Arrimándose a la casa, se le ocurrió que el olor de los animales pegaba hasta la mera puerta. Cuando entró en la casa, otra vez se asustó con la cocina tan primitiva, el enjarre caído y la estufa de leña. Como sus tíos no tenían agua en la casa, uno tenía que lavarse en una bandeja afuera de la casa. (El Darryl todavía se acordaba de la primera vez que llegó a la casa de su tío y preguntó dónde estaba el "bathroom", algo que le sirvió para chiste a su tío).

Mientras que estaba lavándose el polvo del zacate de la cara y pecho, su primito lo veía con curiosidad muda. El Darryl sabía que su primo podía hablar bien el inglés pero, queriendo demostrarle al chiquito que él no era pendejo como todos pensaban, decidió de hablarle en español. No sabían, pero el Darryl estaba tomando español este último año en Fairview High con el señor Richardson.

—¿Qué tantos edad tienen? —le preguntó el Darryl a su primito, escogiendo las palabras con mucho cuidado.

Y, a su gran sorpresa, el muchachito se soltó la risa y se desapareció a platicarles a sus carnales lo que su primo estúpido había dicho.

"We killed that pinto hog this morning."

"You mean the one I brought you?"

"Yeah, that one."

"But why did you slaughter it now in all this heat?"

"Well, the old lady wanted meat, I guess. She said she was sick and tired of feeding corn to the pig every day and watching it fatten up—and us here without any meat to eat. I told her it was going to cost us more now, since we can't hang the meat in this heat. And yeah, I had to take it over to that bastard Leopoldo who's going to charge me double just to hang it over there. But look what we're going to eat now," he said, while his wife placed the black frying pan in the middle of the table. "Blood sausage."

"Good!" Darryl's grandfather exclaimed, but Darryl, who had not understood a word of the preceding conversation, was not so excited.

His aunt, a squat, rotund woman, served them something that his grandfather and uncle seemed to like a lot but Darryl couldn't figure out what it was. It looked like a lump of dark clay to him and he was afraid to try it.

"What's this?" he asked.

"Morcillas, hijo," his grandfather responded. "Sangre."

"Blood . . . peeg blood," Darryl's uncle translated, just as the boy had spooned a bite into his mouth.

He spit the horrible mouthful out at once and drained a glass of water in one gulp. His uncle, naturally, started to guffaw and his grandfather, who had gotten angry at first, was soon chuckling too. In a moment, everybody was laughing, even the female cousins Darryl rarely saw because they remained hidden. Darryl lowered his eyes to his plate in shame. He saw his father running, with a stick in his hand, his face contorted with fury. And Darryl again felt the sharp blows of the stick and heard the pig's squeals mingling with his father's cries.

"What's the matter, hijito?" Darryl's grandfather asked him, once the laughter had subsided. He realized something was wrong with his grandson. But by then Darryl had returned to the present and finished eating, filling up with tortilla and cherry jelly that his aunt had taken from the cupboard for him. And while the men continued their talk and his aunt cleared the table, Darryl went outside.

Tramping through the garbage, spooking the chickens, and kicking a worn tire in his path, Darryl made his way to the bridge

Cuando entró el Darryl en la cocina otra vez, ya su abuelo y tío estaban sentados, bebiendo su cafecito y platicando.

—Matamos ese cochino pinto esta mañana.

—¿El que te truje?

—Ese mero.

—Pero ¿por qué lo mataron ahora en este calorón?

—Pues, isque la vieja quería carne. Dijo que ya se había cansado de echarle maíz todos los días al marrano y verlo engordar—y nosotros cenando sin carne. Yo le dije que nos iba a costar más ahora como no podemos colgar la carne en este calor. Y sí, tuve que llevarla a ese cabrón de Leopoldo que me va a cobrar doble nomás pa' tenerla colgada. Pero, mire lo que vamos a comer ahora —dijo, mientras que su mujer puso el horno negro en el medio de la mesa—. Morcillas.

—¡Qué bueno! —dijo el abuelo, pero el Darryl, que no había entendido nada de la conversación, no estaba tan excitado.

Su tía, mujer chaparrita y gorda, les sirvió algo que les gustaba mucho a su abuelo y tío, y el Darryl no podía figurar qué era. Le parecía una pilita de zoquete oscuro, y le dio miedo probarlo.

—What's this? —preguntó.

—Morcillas, hijo —le contestó su abuelo—. Sangre.

—Blood...peeg blood —añadió su tío en inglés nomás en cuanto el Darryl había metido una cucharita en la boca.

De una vez escupió el bocado aborrecible y tomó un vaso de agua en un puro trago. Su tío, naturalmente, empezó a reírse y su abuelo, que se había enojado al principio, pronto estaba riéndose también. A poco rato, todos se estaban riendo, hasta las primas que el Darryl casi nunca veía porque se quedaban siempre escondidas. Bajó sus ojos al plato de vergüenza y comenzó a ver en la mente a su papá corriendo con un palo en la mano—otra vez vio la cara torcida con coraje, sintió los azotazos picantes y oyó los gruñidos del marrano mezclados con los gritos de su papá.

—¿Qué te pasa, hijito? —preguntó su abuelo, ya que se habían acabado de reír. Podía ver que algo le pasaba a su nieto. Pero ya el Darryl había vuelto al presente y acabó de comer, llenándose con tortilla y "yeli" de cerezo que su tía le sacó del trastero. Y, mientras que los hombres siguieron con su plática y su tía limpiaba la mesa, el Darryl salió pa' fuera.

Andando por la basura, espantando a las gallinas y dando una patada a una llanta gastada en su camino, fue hasta la puente que pasa por arriba del Rito de los Cañones. Mirando pa'bajo, vido a los

that spans the Rito de los Cañones. Gazing down, he saw the wrecked junk cars and took pleasure in the unusual forms the rusted metal created.

"Just like me," he thought. "Twisted but tough."

And, lifting his eyes, he looked up to the Cerro Perdenal with its flattened summit sparkling in the sun.

"Different but solid," he reflected.

Off in the distance he saw a hawk gliding, climbing up into a sky that was clear as a baby's eye.

"He-ya, he-ya, con-ga, hon-ga, he-ya!" Darryl's uncle shouted from behind, playing Indian again and slapping him sharply on the back. Darryl nearly lost his balance but, like so many years before, the boy in the high heels did not fall.

"Let's go, Americano. Back to work!" his uncle said, tipping a fresh bottle of whiskey.

And, with a resigned sigh, Darryl turned and followed his uncle back into the field.

carros "requeados" y tirados y comenzó a gozar en las formas curiosas del metal arrancado y mojoso.

—Como yo —pensó—. Torcido, pero allí siempre.

Y, levantando los ojos pa'rriba, miró al Cerro Perdenal con su cima lisa brillando en el sol.

—Diferente, pero sólido —pensó.

Allí en la distancia vido un gavilán subiendo, subiendo por el cielo más claro que el ojo de un niño.

—¡Jé-ya, jé-ya, cón-ga, jón-ga, jí-ya! —gritó su tío atrás de él, jugando el indio otra vez y pegándole fuerte en el espinazo. El Darryl ya mero perdía su balance pero, como tantos años antes, el muchacho de los tacones altos no se cayó.

—Vamos, americano. ¡A trabajar! —dijo su tío, levantando una botella fresca de juisque.

Y con un suspiro resignado, el Darryl volteó y siguió a su tío pa'trás a la milpa.

Go On and Play Baseball

"Go on and play baseball," my grandfather told me the night he died. He was stretched out in his hospital bed like a fish. In the morning, he had suffered another severe pain in his chest. No one in the family had known about the pains. Grandfather never told anyone and had refused to go to a doctor. We only knew about the history of the pains afterwards because of the dates on his calendar marked, "Pain."

"I've got all my bills paid up," he was telling my mother who was fighting off her tears. She never expected this—her father, the huge man with the gigantic hands who had always sustained her throughout her life could not die.

"But if someone comes around after I'm dead and tells you I owed them money, pay them. I've got this very bad habit of borrowing money. There in the house you'll find my money, in the refrigerator. Whatever you don't use to bury me is yours, hija."

And when my mother finally did start crying, he told her: "No, don't cry, hija. Dying is the most natural thing in the world. We've all got to do it someday, you know."

He tried to smile, but a sudden pain forced him to clamp his eyes shut.

"Aren't they giving you anything for the pain?" I asked "Where are all the nurses?"

"No hijito, don't call them. I've already told them I don't want to take anything for the pain."

"But why, Grandfather?"

"You're still very young," he replied, "but someday you'll understand. In this life, God grants us both happiness and suffering.

Vete a jugar al béisbol

—Vete a jugar al béisbol —me dijo mi abuelo la noche que se murió. Estaba acostado como una trucha larga en su cama del hospital. Por la mañana le había dado otro dolor fuerte en el pecho. Nomás que naiden de la familia lo sabía. El no decía nada y nunca iba a los doctores. Después supimos a causa de las fechas en su calendario marcadas "Dolor".

—Ya tengo todas las cuentas pagadas —le decía a mi mamá, quien estaba haciendo mucha fuerza de no llorar. Ella no había esperado esto—su papá, el hombre alto de las manos gigantes que siempre había sostenido su vida, él no podía morirse.

—Pero si alguien llega después que yo esté muerto y te dice que yo les debía algo, págales. Tengo una maña muy mala de pedir dinero. Allí en la casa hallarás mi dinerito en la hielera. Lo que no gastes para enterrarme es tuyo, hija.

Y cuando por fin se soltó llorando mi mamá, él le dijo: —No, no llores, hija. Morirse es la cosa más natural. A todos se nos va a llegar este día, sabes.

El hizo fuerza de sonreírse, pero de repente le pegó un dolor que le hizo apretar los ojos.

—¿Que no le están dando nada para el dolor? —pregunté—. ¿Dónde están las nodrisas?

—No hijito, no las llames. Ya les tengo dicho que no quiero tomar nada para el dolor.

—Pero, ¿por qué, abuelo?

—Tú estás muy joven todavía —me dijo—, pero algún día entenderás. En esta vida hay alegría y hay sufrimiento. Yo he vivido una vida feliz por muchos años y ahora me toca sufrir. Que se haga la voluntad de Dios.

43

I've lived a very full life for many years and now I have to suffer. It's God's will."

"But it isn't necessary, Grandfather. There are medicines. You don't have to endure the pain."

"Only God can decide that, hijito."

And an even sharper pain made him close his eyes again and twist his head to the side. When he opened his eyes again he seemed ten years older. He looked at me and said, "Go on and play baseball, hijito. It is Monday today, isn't it?"

I couldn't believe it. In spite of his physical agony, he still knew what day it was and remembered I played baseball on Mondays.

"But Grandfather," I said, on the verge of crying, "this might be the last time I'll ever see you."

"Yes," he responded stoically, "it could be. But why do you want to see me like this? Everyone's just going to be standing around crying all night anyway."

"Don't talk like that," my mother scolded him. "You're not going to die."

"Hija," he said in a resigned, but loving tone, "I've always told the truth, all my life. I'm not going to start in with lies now."

"But a specialist is going to get here any minute. He's going to help you. And if he says so, we'll take you up to Albuquerque."

"No!" Grandfather said. "You're not going to move me from here. Not unless you're going to take me home where I can die in peace. And I don't want to see this specialist. How can he help me now? My time has come, hija. I only wish I could see Rita one more time. You did say she was coming, didn't you?"

My aunt Rita was my grandfather's only remaining sister. As soon as she had heard the news about her brother, she caught a plane from Salt Lake City and was now on her way to see him.

"And you, hijito, go on now and play baseball. May God be with you," he said, as I extended my hand to say goodbye.

I did go to the ball game, but I played very poorly. My thoughts remained in the hospital with the man who had taught me how to tame wild horses and brand new calves. The man who had led me through the high sierra to the most remote glades. The man who had told me about the magical past, the man who now would slip away forever into that same amorphous past.

At the same time I was playing baseball, the specialist arrived at the hospital. But it was too late to move my grandfather to Bataan

—Pero no es necesario, abuelo. Hay medicinas. Usted no tiene que pasar dolores.

—Sólo Dios puede decidir eso, hijito.

Y le pegó otro dolor más fuerte que le hizo cerrar los ojos otra vez y torcer la nuca para un lado. Cuando volvió a abrir los ojos, parecía diez años más viejo. Me miró y dijo: —Vete a jugar al béisbol, hijito. ¿Que no es lunes hoy?

Yo no lo podía creer. Con tanto dolor, y todavía él sabía qué día era y se acordó de que yo jugaba al béisbol.

—Pero abuelo —dije, casi llorando también—, esta pudiera ser la última vez que lo viera.

—Sí —respondió estoicamente—, sí, podría ser. Pero ¿por qué me quieres ver así? Al cabo que todos van a estar aquí llorando toda la noche.

—No hable así —le dijo mamá—. Usted no se va a morir.

—Hija —dijo en un tono deprimido pero cariñoso—, yo siempre he dicho la verdad toda la vida. No voy a comenzar con mentiras ahora.

—Pero ahorita llega un especialista que le va a ayudar. Y si él dice, lo llevamos para Albuquerque.

—No —dijo mi abuelo—. No me vayan a mover de aquí. Si me quieren llevar, llévenme para la casa donde puedo morirme en paz. Y no quiero ver este especialista. El, ¿qué me puede ayudar? Ya mi tiempo ha llegado, hija. Nomás que tengo ganas de ver a la Rita una vez más. ¿Me dijites que venía?

Mi tía Rita era la única hermana que le quedaba a mi abuelo. Pronto después de oír de su hermano, ella había tomado un avión de Salt Lake City para venir a verlo.

—Y tú, hijito, ya vete a jugar al béisbol. Que Dios vaya contigo —me dijo, al extenderle yo la mano para decirle adiós.

Sí, fui a jugar al béisbol, pero no jugué nada bien. Mis pensamientos se habían quedado en el hospital con el hombre que me había enseñado a amansar caballos y herrar becerros. El hombre que me había guiado por la sierra a las cañadas más altas y remotas. El hombre que me había platicado del pasado mágico—el hombre que ahora también se iba a perder en ese mismo pasado.

Jugando yo al béisbol, llegó el especialista al hospital. Pero ya era muy tarde para mover a mi abuelo al hospital Bataan en

Hospital in Albuquerque. And even though my grandfather didn't understand much English and could no longer speak, he still understood what the doctor was telling my mother. There was no chance now. The best they could do was give him medication so he wouldn't suffer too much.

My mother told me later that my grandfather made her understand that he wanted a pencil. She said he took the pencil and wrote a note in gnarled letters. It read: "No medicine."

And they didn't give him any. My grandfather continued in his pain.

I continued with my game and when we had finished, I was called to the phone. My aunt Rita had come to the hospital, my mother told me between tears. And my grandfather had died.

Albuquerque. A pesar de que mi abuelo no entendía mucho inglés, y ya no hablaba, todavía comprendió lo que el doctor le dijo a mi mamá. No había modo de salvarlo. Todo lo que podía hacer ahora era darle píldoras para que no sufriera tanto.

Mi mamá me platicó después que mi abuelo la hizo entender que quería un lápiz. Dijo que él lo agarró y escribió, en unas letras quebradas: "No medicina".

Y no le dieron nada. Mi abuelo seguía agonizando.

Yo también seguí con mi juego, y cuando ya se había acabado, me llamaron al teléfono. Mi tía Rita había llegado al hospital, mi mamá me dijo entre lágrimas. Y mi abuelo se había muerto.

El Lupito

That fucking potato-face principal who went and made that announcement! Sure, it's true I don't like it when they treat me like a baby and carry me around in their arms, but he had no right to print that up for the whole school—he just didn't have no right!

Allow me to introduce myself, in case you don't already know who I am. My name is Guadalupe Andrés Vialpando, but everybody just calls me "el Lupito." I'm eighteen years old, already have a few whiskers, and only stand two feet tall.

I can hear you say it now: "How awful!" But what do you know, anyway? It's no worse than being stupid, and I'm very intelligent. And I'd rather be short than big and fat like you. Don't you worry about me—I'm just fine. I even *like* seeing the world from this point of view. You don't know the things that go on in this school. But I know! No one pays any attention to me, you know, so I can go anywhere I please. I see everything—and I do mean *everything*, man. Haven't you ever noticed how the chicks with big boobs always get "A's" in math? Well, I know why. I hid under my desk when Mr. Martínez made the girls "who need help" stay after class. Ha! And I bet you don't know why Mr. Montoya walks around happy all the time. Well, I've seen what he pours into his coffee thermos and it ain't milk, man. Yeah, I know it all—who's selling the best dope, who's playing hooky. I even know who's going to turn up pregnant. I see it all.

But yes, it is true that I don't like to be carried around all the time. Well, it's not so bad when Animal lifts me up (that's José Rodríguez, but we all call him Animal, you know). He's my friend—we're buddies, man. And when he puts me up on his shoulder to cruise down the hall, well, I feel like a part of the gang. You know

El Lupito

¡Qué cara de papa ese pinche principal que fue e hizo ese anuncio! Sí, es verdad que no me gusta cuando me tratan como un niño y me llevan en brazos, pero él no tuvo derecho de publicar eso para toda la escuela—él no tuvo derecho.

Déjame presentarme, por si acaso que no me conoces. Me llamo Guadalupe Andrés Vialpando, pero todos me dicen el Lupito. Tengo dieciocho años, mis primeras barbas, y nomás dos pies de alto.

¡Qué duro!—dirás, pero ¿qué sabrás tú? No es peor que ser estúpido, y yo soy muy inteligente. Y mejor quisiera ser cortito que gordiflón como tú. No te preocupes—yo estoy bien. Hasta me gusta ver el mundo desde aquí. Tú no sabes las cosas que pasan en esta escuela. Yo sí sé. Naiden me hace caso, sabes, y yo me paseo pa'onde quiero. Yo sí veo todo—toditito, ése. ¿Que no te has fijado como todas las muchachas con chiches grandes siempre sacan una "A" en aritmética? Pues, yo sé por qué. Yo me he escondido abajo la silleta cuando el señor Martínez les hace a las muchachas "que necesitan ayuda" quedarse después de la clase. ¡Ja! Y yo te apuesto que no sabes por qué el señor Montoya anda tan contento todo el tiempo. Pues, yo he visto lo que le echa a su botella de café todo el día, y no es leche, ése. Sí—yo sé quien vende la mejor mota y quienes andan jugando a "juqui" y hasta quien va a resultar preñada. Yo veo todo.

Pero sí, es verdad—no me gusta que me lleven en brazos todo el tiempo. Bueno, todavía no es tan malo cuando me levanta el Animal (el José Rodríguez, pero lo llamamos el Animal, sabes). El es mi amigo—somos cuates, ése. Y cuando él me lleva en el hombro para tirar una vuelta por los corredores, yo me siento

what I mean—just like a regular guy. But when the girls pick me up like a little doll and kiss me on the cheek and say, "How cute!"— well, that's where I draw the line. I'm just a toy for them! Don't they understand I'm a guy too? They don't realize how I suffer when they snuggle me up in their tits and pet me like some kind of puppy and then, just as soon as their boyfriends walk up, down I go!

"What a pity!" you're saying now, huh? Well, look, I don't need your pity. If you've got such an overload of compassion, take a little pity on my buddy Eluid. He was a soldier in your fucking Vietnam war. And he came back nuts—how do you like that? Ever since then, he's lived his life like some kind of helpless baby. All he does is walk around on the streets talking to himself. In the old days, I remember, he was a fun guy—a real crazy dude, man. But not crazy like he is now. Now he don't even recognize me half the time. He won't talk to me no more and he used to give me rides all the time on his motorcycle. He had himself a Harley, man! So, if you've got such a big heart, feel a little sympathy for him. But not for me.

I can take care of myself, man. You'd better believe it. Don't you remember what I did to that fucker Peters, that English teacher— how I broke his windows? I can take a lot—I mean, what else can I do? But I'll tell you one thing I can't stand is to have anybody laugh at me. That asshole should have known better—making me read in front of everyone. He knew I couldn't read. Well, how in the hell was I supposed to learn? I never went to school when I was a kid. They were always hauling me around from one doctor to the other and not a single one of them could ever do me any good. And then they went and hired that woman who was supposed to take care of me and teach me at home while my parents worked. Ha! Do you know what she used to do? Well, she'd let me go—hell, she'd *kick* me out of the house so she could sit around all day watching her soap operas. And me, I'd head down to the river and play all day in the woods. So, tell me, how much was I supposed to learn about reading down there? But Peters knew that. He just wanted to make fun of me. That's all, he wanted to embarrass me. But I'm not stupid! They can all laugh at my size, but nobody makes fun of my intelligence!

Anyway, I paid him back—that Peters—I paid him back but good. The bastard was just lucky I didn't slash his tires too. And I'll tell you one thing—I ain't going back to that class. No way, man. Anyhow, old Potato-Face won't make me. He pities me too, you know. Everybody's too afraid to correct me. See? It's not so bad to

como parte de la gavilla—nomás otro loquito de los locos, ¿me entiendes? Pero cuando las muchachas me abrazan como una muñeca, y luego me besan en el cachete y dicen: —¡Qué "cute"!— pues, ahí sí me enojo. Yo no soy más que un juguete para ellas. ¿Que no saben que soy hombre yo también? Ay, ¡no comprenden cómo sufro cuando me aprietan en sus pechos y me acarician—y luego nomás se arriman sus novios y me tiran!

¿Qué lástima, dices? Pues, mira—yo no necesito tu lástima. Si tienes tanta compasión, tenle lástima a mi carnal, a Eluid, que fue soldado en tu pinche guerra en Vietnam. El se volvió loco—¿cómo te gusta?—y desde entonces tiene que vivir su vida como un niño. No hace más que pasearse por las calles a pie, hablándose a sí mismo. Más antes, yo me acuerdo, él tiraba más "party"—un vato bien locote, ése. Pero no loco como ahora. 'Hora ni me conoce la mitad del tiempo. No me habla ya—y más antes me paseaba todo el tiempo en su motocicleta—¡tenía una Harley, ése! De modo que tenle lástima a él, si quieres tener tan gran corazón. Pero a mí no.

Yo me defiendo, ése. Vale más que lo creas. ¿Que no te fijates como le quebré los vidrios a ese cabrón de Peters—ese maestro de inglés? Yo aguanto mucho—pues, ¿qué voy a hacer?—pero una cosa que no puedo soportar es cuando se ríen de mí. Ese cabrón debía saber mejor—haciéndome leer delante de todos. El sabía que no podía leer. Pues, ¿cómo diablos iba a aprender yo? Nunca estaba en la escuela cuando era chavalito. Todo el tiempo me traiban a los doctores y ni uno me podía hacer nada. Y luego me trajeron a esa mujer para cuidarme y enseñarme en la casa cuando mi mamá y papá trabajaban. ¿Sabes qué hacía ella? Pues, me soltaba—¡qué!—me *echaba* de la casa, mientras que ella cuidaba las novelas en la televisión, y yo iba a jugar en el bosque. Bueno, allí, ¿qué iba a aprender a leer? Pero ese Peters sabía eso. Bien lo sabía. El nomás quería burlarse. El quería verme sufrir. ¡Yo no soy tonto! Pueden reírse de mi tamaño, si quieren, pero ¡no de mi inteligencia! Pero yo le pagué, pero bien pagado. Tuvo suerte el cabrón que no le corté las llantas también. Y yo te digo—no vuelvo a esa clase. Ni modo, ése. Al cabo que el Cara de Papa no me hace ir. El también me tiene lástima, sabes. Todos tienen miedo a corregirme. ¿Ves?— no es tan malo ser "diferente". Esa es tu palabra, ¿no? Un poco más político que "duende"—y bastante mejor que "el accidente", ¿que no? Pero, ¿qué es lo que me llamas tú, eh? ¿Cuando yo no ando aquí?

be "different." That is your word, isn't it? I mean, at least it's a little more polite than "midget" and it sure is a lot nicer than "nature's accident," no? But what do you really call me anyway? When I'm not around here, I mean.

The basketball team calls me their "mascot." Have you ever thought about that one? A mascot's got to be an animal, you know—like a bear, a wolf—hell, sometimes even a jackass, man. But me, I'm the Sacred Heart mascot. And I dig it too. I get off on being the weird animal because if it wasn't for that, man, what would I do anyway? Sit with the third-graders to watch the games? I'll tell you, attention is attention, and we all got to have it. But you don't have to worry about that. You just naturally attract your own attention, like everybody else. But me, I've got to work for it—I've got to fight for it! So don't get uptight, man. I enjoy running down the floor, dribbling the basketball like crazy before the games. They even made me a special suit, just like the ones the players themselves use. And I'm proud too! Guadalupe Andrés Vialpando, official animal of Sacred Heart High School. Now there's a heavy title for you, man!

Now what're you saying? You think I'm just jiving you? Well, to tell you the truth, man, I don't even know myself. I mean, I change just like the weather, you know. One minute, I'm mad as hell and the next, I feel just like crying. I don't know. But I'll tell you one thing—I never give up. No sir! I don't know why God gave me this life, but it is mine. It ain't your problem I can't reach the water fountains at school or that I got to spend my whole life wearing kid's clothes. No, that's my life, man, and if the only thing I'm good for is fetching purses from under the bleachers, well, that's just what I'll do.

But there is just one thing I wished I did have. A chick, you know, a girlfriend. I'm no different from you, man. When I see the couples making out behind the cafeteria, well, I get pretty down. I mean, I'm not expecting a lay or nothing—who'd want to make it with me anyway? But if I could just find a girl who liked me, someone who really was interested in me, who'd want to talk to me, and laugh maybe.

You know, once I actually thought I had found her. Felicia wasn't the best-looking chick in school, and she wasn't too popular either. But she started to spend some time with me. You know, really spending some time, not just "hi and goodbye." She used to stay the whole lunch hour with me. She even made me wonder

Los del equipo de básquetbol me llaman el "mascot". ¿No te has
fijado en eso? Un "mascot" siempre es un animal, sabes—un oso,
un lobo, hasta un burro, ése. Pero yo, yo soy el "mascot" del
Sagrado Corazón. Y me gusta—bien me gusta ser el animalito
curioso, porque si no fuera por eso, ¿qué haría yo? ¿Sentarme
durante los juegos con los del libro tres? Pues, la atención es la
atención, y todos la necesitamos. Tú no tienes que preocuparte por
eso. A ti sólo te viene la atención—como a todos. Pero yo—yo
tengo que trabajar por ella—yo tengo que luchar. De modo que no
te espantes tanto, ése. A mí me gusta correr por el suelo con el
básquetbol antes del juego. Hasta un vestido especial me hicieron—lo mismo como los que usan los meros jugadores. Yo tengo
orgullo—¡sí! Guadalupe Andrés Vialpando, animalito oficial del
jaiskul del Sagrado Corazón. Ahí está un título, ése, de los más
suaves.

¿Qué dices? ¿Que estoy nomás haciendo burla? Pues, te digo la
verdad, ése. Yo ya ni sé. Yo cambio más que el tiempo, sabes. Un
momento ando bien enojado. Otro, quiero llorar. Yo no sé. Pero
una cosa sí—yo no me doy. "Nosir". Yo no sé porque Dios me dio
esta vida, pero es *mía*. No es tu problema que no puedo alcanzar a
beber agua en las fuentes de la escuela, ni que tengo que pasar la
vida usando pura ropa de niño. No, esa es mi vida y si no sirvo más
que pa' buscar bolsas abajo de los asientos en el gimnasio—pues,
eso haré.

Pero lo único—lo único que sí quisiera, fuera una novia. Tú
sabes, ése—yo no soy nada diferente adentro. Cuando yo miro a
las parejas besando ahí atrás del "caf", pues, me pongo muy triste.
Yo no espero alguien que me quisiera por mi cuerpo—¿cómo lo van
a querer? Pero tan siquiera una muchacha que me quisiera a *mí*—
que tuviera interés en mí—que quisiera platicar conmigo, reírse
conmigo.

Ay, una vez sí creí que la había hallado. La Felicia no era la
muchacha más bonita de la escuela—tampoco era tan popular.
Pero ella empezaba a pasar tiempo conmigo—y no nomás un "jaló
y adiós"—ella sí se quedaba platicado conmigo toda la hora del
lonche. Y hasta esperanzas me daba a mí. Luego una tarde me
agarró de los hombros y me miró en los ojos. Y, ¿sabes qué me dijo,
ése? —Lupito —me dijo—, tú te pareces tanto a mi pobre
hermanito—no hace ni un año que se mató en un accidente—y tú
te pareces la mismita cosa que él—bueno, menos las barbitas—
pero, pobrecito mi hermanito—no tenía más que seis años—

whether something else might develop. And then one day she grabbed me by the shoulders and looked me right in the eyes. And do you know what she told me, man? "Lupito," she said, "you look so much like my poor little brother—it's not even a year since he got killed in that accident—and you look exactly like him—well, without the whiskers, but my poor little brother—he was only six years old—just starting school—I still can't get over it, Lupito—but you, you look so much like him."

Well, there you have it, man. That's my life—right there. And what am I supposed to do about it? Come on, tell me, how am I supposed to change it? But that fucking principal, that Potato-Face, he's going to screw everything up with that damned announcement he made. Now the chicks are going to be afraid to even touch me. Maybe even Animal's going to be afraid to break such a strict rule. Of course, it is true I don't like to be carried around like a baby, but without that, what else've I got? I mean, we all need friends, man. I know you understand.

apenas había comenzado la escuela—todavía no lo puedo aceptar,
Lupito—pero tú, tú te pareces mucho a él.

Bueno, ése, así es mi vida. Asina mero. Y, ¿qué voy a hacer?
Díme—¿cómo la voy a cambiar? Nomás que ese pinche principal—
ese Cara de Papa,—él va a chingar todo con ese anuncio que hizo a
toda la escuela. Ya las muchachas van a tener miedo a tocarme,
sabes. Y quién sabe si hasta el Animal tendría miedo quebrar una
regla tan clara. Es verdad que no me gusta cuando me levantan en
brazos como un niño—pero sin eso, ¿qué más tengo yo? Todos
necesitamos amigos, ése. Yo creo que entenderás.

The Wait

He was waiting for the elk, standing behind a pine in absolute, professional silence. It had been a tremendous climb, but he didn't pay attention to his pounding heart. He hardly noticed his aching legs. From the moment he had spotted those magnificent antlers, camouflaged by the scrub oaks, he had forgotten everything—the bitter cold, the steep, slippery incline, and his son and his drunken companions who had remained miles behind.

Now he had to wait, more silent than the squirrels asleep in their piñon-crammed nests in the rotted logs beneath his feet. Now he had to be more quiet than the granite boulders themselves. The animal, with his superior senses, had been paralyzed by a primordial doubt. Something was wrong in the wind.

Who can say how long he waited; it's impossible to measure such spans in minutes and hours. He waited like the sick man for his death, like the fetus for its birth—for an interminable term that lasted but an instant. And then, the elk stepped cautiously out from his hiding place in the pines, questioning the breeze with his uplifted nostrils. Onésimo drew a deep breath and squeezed the trigger of the 30-30.

"Your name, sir?"

"¿Qué?...¿Cómo?" said Onésimo, waking up in a strange room, still seated in his wheelchair. The nurse who had addressed him immediately turned and walked off in search of Clotilde, who could translate the old man's responses for her.

Onésimo looked around the room with its pictures of mountains on the walls, until his eye was caught by a painting of a huge, black horse—and he was riding on Ben, his old Morgan, galloping through a wide, grassy glen, chasing some young calves, wild as the

La espera

Parado atrás del pino, le esperó al elque en silencio profundo y profesional. Había sido una subida tremenda, pero no escuchaba a su corazón golpeando ni sentía a sus piernas adolecidas. En el momento que vio a esos cuernos magníficos atrás de unos encinos, se había olvidado de todo—del friazo, de la pisada inclinada y resbalosa y de su hijo y sus compañeros embolados que se habían quedado millas atrás.

Y ahora tuvo que esperar—más callado que las ratas durmiendo abajo de los palos podridos en sus nidos cundidos con piñón y más quieto que los peñascos. El animal, con su sentido superior, se había paralizado con una duda primordial. Algo en el viento no le gustaba.

Quién sabe qué tanto tiempo tuvo que esperar; es imposible medir tales ocasiones en horas o minutos. Esperó como el enfermo espera su muerte, como el feto su nacimiento, por un término interminable que no duró ni un instante. Y luego salió el elque de los pinabetes donde estaba escondido, cuestionando a la brisa con sus narices levantadas. El Onésimo resolló hondo y apretó el disparador del treinta-treinta.

—Your name, sir?

—¿Qué?...¿Cómo? —dijo el Onésimo, despertándose en un cuarto extraño y todavía en su silla de ruedas. La nodrisa blanca que le había hablado de una vez volteó y se marchó en busca de la Clotilde, quien le podía traducir las respuestas del hombre viejo.

El Onésimo miró al cuarto donde estaba sentado con retratos de montañas en las paredes hasta que su ojo se fijó en una pintura de un caballo, grande y negro—y ya estaba corriendo en el Ben, su "Morgan" viejo, galopando por una cañada ancha y verde con

mountains they were born in, still unaware of ropes and corrals. Ben approached a white-faced Angus and Onésimo threw the lasso.

"Señor! Señor!" and Clotilde, planting a firm hand on the old man's shoulder. "What is your name, sir?" she asked Onésimo in Spanish.

"What?" he replied in his native tongue. "What did you say? You have to talk loud. I'm a little deaf."

"WHAT IS YOUR NAME, SIR?"

And while Onésimo gave the information the nurse requested, he looked at the people sitting in the room waiting for their doctors. They were all gazing at him too, without interest or expression. Soon they turned their attention back to their magazines or quiet conversations. A blank-faced girl stared back into space, thinking of nothing or, perhaps, suffering in silence.

"Doctor Luedtke will be here soon, Mr. Salazar. We'll be calling...WE'LL BE CALLING YOU SOON, SIR."

But Onésimo knew that was a lie. He realized he had arrived very early. His daughter Sylvia, who was taking care of him now in his final years, had brought him to the clinic early in order to get to work on time. And even though Onésimo didn't own a watch, he knew very well that he was early. And, like every unfortunate who reaches such a disgracefully old age, he thought, "I can't do anything but wait."

Wait. Like he had to wait now, with this rheumatism that wouldn't even allow him to walk, that forced him to remain in bed until his daughter and his son-in-law Wilfredo lifted him out and placed him in his chair. Like he had to wait for his meals, no matter how late they would come. Like all the endless hours of the day when he waited alone, peering through the window, watching for Sylvia and Wilfredo to return from their jobs.

It wasn't always like this. In my youth, I never waited for anybody. My buddies were always afraid of one thing or another, but me—I'd jump on the worst broncos, even when I was small. And I wasn't scared of hard work either. No, I always beat all the others, whether it was with the shovel, the pitchfork, or in the races during the San José fiesta. I was strong too, strong as the devil. I used to lift the anvil with one hand in those days and I used to make adobes just like a machine. Well, I had a lot of strength in my hands and since I also used to box, nobody ever bothered me. Not anywhere, not at dances or at the bars.

zacate, corriendo atrás de unos becerros nuevos y mesteños, criados en el monte y todavía no quebrados por el cabresto y el corral. El Ben se arrimó a un becerrito negro con la cara blanca y el Onésimo tiró el lazo.

—Señor, ¡señor! —dijo la Clotilde, poniendo una mano firme en el hombro del anciano—. ¿Su nombre, señor?

—¿Qué? ¿Qué me dices? Me tienes que hablar recio. Estoy un poco sordo.

—¿QUE ES SU NOMBRE, SEÑOR?

Y mientras que el Onésimo daba la información que la nodrisa de la clínica pedía, él miraba a la gente sentada en el cuarto esperando a sus doctores, todos contemplándole también a él, sin interés y sin expresión. Pronto volvieron la atención a sus revistas o su plática callada. Una muchacha clavó los ojos otra vez en el puro espacio, pensando en nada o apenándose mucho.

—'Horita llega el doctor Luedtke, señor Salazar. 'Horita le llamamos. . . 'HORITA LE LLAMAMOS, SEÑOR.

Pero el Onésimo sabía que eso era una mentira. El comprendía que había llegado muy temprano. Su hija Sylvia, que le estaba cuidando ahora en sus últimos años, le había traído a la clínica temprano para poder llegar a tiempo a su trabajo en la plaza. Aunque el Onésimo no usaba reloj, bien sabía que había venido temprano. "Y, como todos los viejos que llegan a esta edad desgraciada", pensaba él, "no puedo hacer más que esperar".

Esperar. Como ahora, con estos reumos que no le dejaban ni andar, tenía que esperar hasta que su hija y yerno Wilfredo le levantaban de la cama en la mañana a sentarlo en su silla. Como tenía que esperar hasta que le daban de comer, fuera la hora que fuera. Como todas las horas largas del día que esperaba solito, mirando por la ventana, hasta que ellos llegaban del trabajo.

No era siempre así. En mi juventud, yo no esperaba a naiden. Mis cuates siempre andaban con miedo de esto y miedo de eso, pero yo—yo me subía en los caballos más broncos siempre, desde chiquito. Y yo no le temía al trabajo duro tampoco. Yo siempre les ganaba a los otros, fuera con la pala, con la horquilla o en las corridas durante la fiesta de San José. Era fuerte también, fuerte como el diablo. Yo levantaba el yunque con una pura mano en aquellos tiempos y hacía adobes como una máquina. Pues, tenía una fuerza terrible en las manos y, como también practicaba a boxear de vez en cuando, naiden me molestaba nunca, ni en los bailes ni en las cantinas.

*And plenty of people used to depend on me too. Since I had the
best team of horses in all of Los Cañones, I was always the one
who had to help everybody out when the weather would get bad
and it rained or snowed. You don't know how many wagons I
pulled out of the holes they were stuck in. I even used to haul
carloads of gringos out of the ditch with my animals. They'd come
up to our mountains to hunt and would slide off the narrow roads.
And they used to overdo their thanks. Usually they'd give me some
swallows of their expensive whiskey and a few bucks. They even
learned where I lived so they could pick me up in the fall when
they'd go hunting because they knew I could always find them a
buck. And if they couldn't kill it, well, I'd shoot it for them too.
Afterwards, they'd take some pictures all crowded up around the
head, with their rifles in their hands and big smiles on their faces.*

"Mr. Salazar, MR. SALAZAR," Clotilde said, smiling benignly at
the old man. "We're going to have to . . . WE'RE GOING TO HAVE
TO DRAW SOME BLOOD."

And the pretty, diminutive nurse rolled him down a long
hallway, just as they had rolled him all the way up the road to
Chimayó. They had left the house on the evening of Holy Thursday
together with a thousand other pilgrims, and Onésimo's grandchildren had taken turns pushing him up the serpentine road to the
Santuario, center of the holy faith, nestled in the shadow of the
Sangre de Cristo range. There, on the thick, plastered adobe walls
were hung canes and crutches of every size and description, all in
testimony to the miraculous power of the holy earth that people
dug out of the never empty hole. And the Salazars, like all the other
faithful, squeezed into the tiny room that housed the elegantly
robed Santo Niño and filled their cups with the sanctified dirt. For
weeks they faithfully rubbed the dust into the old man's legs and
even started to say the rosary at home—a custom neither Onésimo
nor his daughter had practiced since the days when his wife was
alive and the family was young. But, at the end of a month, when
there was still no change in the lifeless legs (outside of their
increasing filthiness), they abandoned the earth as well as the
prayers.

Sylvia, who was getting weary of putting up with her father,
began to argue with him that he ought to see a real doctor. Why
would anyone want to live in this modern day and age and not take
advantage of the real miracles wrought by science and medicine?
But Onésimo wouldn't listen to his daughter. Hadn't he still been

Y muncha gente también dependía de mí. Como tenía el mejor tiro de caballos en toda el área de Los Cañones, a mí me tocaba la obligación de ayudarle a la plebe cuando el tiempo se ponía mal y llovía o nevaba. Munchos fueron los carros de caballo que sacaba con mis animales de los pozos donde se habían atascado. Hasta llegué a jalar automóviles llenos de gabachos que habían subido en nuestra sierra a cazar y se habían salido del camino estrecho. Y lo agradecían demasiado, munchas veces pasándome un billete y varios tragos de su juisque caro. Hasta aprendieron ellos donde vivía yo y me llamaban cada otoño cuando iban al venao porque sabían que yo les podía hallar un animal. Y si ellos no lo podían matar, yo también tiraba el balazo. Después tomaban retratos acuñados alrededor de la cabeza, los rifles en las manos y unas sonrisas en las caras.

—Señor Salazar, SEÑOR SALAZAR —dijo la Clotilde, sonriéndose benignamente al pobre viejo—. Le vamos a tener... LE VAMOS A TENER QUE SACAR SANGRE.

Y la nodrisa chiquita y chulita lo fue rodando por un corredor largo como le habían rodado todo el camino para Chimayó. Habían salido de la casa en la noche del Jueves Santo con mil otros peregrinos, y sus nietos cambiaban ratos empujándole todo el camino serpentino pa'l Santuario, ombligo de fé, abrigado en la sierra de la Sangre de Cristo. Allí en las paredes anchas de adobe, enjarradas con tierra blanca, estaban colgadas muletas de todos tamaños y descripciones como testimonio al poder milagroso de la tierra sagrada del pozo que nunca se vaciaba. Y los Salazares, como los otros fieles amontonados en el cuartito con el Santo Niño en su traje elegante, llenaron sus copas con la tierra santificada. Y por semanas, le echaron el polvo fielmente en las piernas del anciano y hasta comenzaron a rezar el rosario en la casa, costumbre que ni el Onésimo ni su hija había practicado desde aquellos tiempos cuando su esposa estaba viva y la familia joven. Pero, al cabo de un mes, cuando no se notaba ningún cambio en las piernas inútiles (sólo que se habían ensuciado), pues dejaron la tierra (y también los rezos).

La Sylvia, ya media cansada de lidiar tanto con su papá, comenzaba a averiguar con él de que fuera a un doctor legítimo. ¿Por qué vivir en esta época moderna si uno no iba a aprovecharse de los milagros verdaderos de la ciencia y la medicina? Pero el Onésimo ni le escuchaba a su hija. ¿Que no estaba andando antes de ir al doctor la primera vez hace dos años? Y nomás le

walking when he first went to that doctor two years ago? Just as soon as they had started to cure him, Onésimo had gotten worse and worse until they had at last saddled him in this chair. "If I would have stayed with that butcher," Onésimo said, "who knows if he wouldn't have ended up putting me in a pine box."

And then, to make matters even worse, the neighbor, Don Sebedeo Rodríguez (whom Sylvia constantly cursed behind his back) always had to stick his nose in. He'd tell Onésimo to bathe in such-and-such an herb and drink some other remedy. One afternoon he told Onésimo about a medico who lived over in Old Town. A lot of people swore by him, Don Sebedeo told Onésimo, and before the week was out, Sylvia, Wilfredo, and Onésimo were on their way to the "Plaza Vieja," searching for the abandoned gas station where the medico lived.

Finally they found him, sitting outside on an ancient, broken-down heater, cutting a wart out of his hand with a huge pocket-knife. With his dirty white hair, his unshaven beard and demented eyes, the medico looked like the devil himself to Sylvia. They followed him inside the dark station, tripping over his large pack of fierce dogs, until they finally arrived at his office, a grimy, empty room with a table and a demolished couch. They removed Onésimo's trousers and laid him on the sofa with the exposed springs. The medico worked skunk oil into the paralyzed legs, explaining that there was no better remedy for rheumatism. Then he began to massage Onésimo, rubbing down his legs, beating them like slabs of dead meat. When it hurt so much that Onésimo began to scream and wail like an infant, the mad medico worked even more frantically, crying out: "That's it! That's it!"

After that episode, Sylvia was sure she'd be able to convince her father to see a doctor. But he was as stubborn as ever. "I won't have anything to do with any damn doctor," he said. "And, anyway, my compadre Sebedeo told me he knows a woman who was cured by the Holy Rollers."

And, in spite of Sylvia's strongest protests, they showed up one Friday night at the Baptist Temple—she, her poor husband, and her ox-headed father. If the visit to the medico had been crazy, this was utter insanity. By the time they arrived, the Believers were already warmed up, weaving from one side to the other in a tight group, singing a high-volume hymn to Jesus. After quite a few more songs and even more "hallelujahs," a skinny man with sunglasses who was dressed in a wrinkled jacket nearly twice his size stood up

comenzaban a curar y se ponía peor y peor hasta que ya lo tenían "amansado" en una silla. "Si yo me hubiera quedado con ese carajo", decía Onésimo, "quién sabe si me hubiera metido en un cajón".

También el vecino, don Sebedeo Rodríguez (que la Sylvia maldecía todo el tiempo en privado) siempre tenía que entremeterse, diciéndole al Onésimo de que se bañara con esta yerba o que bebiera ese remedio. Una tarde le platicó al Onésimo de un médico que vivía allá en la plaza vieja que tenía mucha fama. Y, dentro de una semana, allí fueron Sylvia, Wilfredo y el Onésimo al "old town", buscando la estación abandonada de gas donde vivía el médico.

Al fin lo hallaron, sentado afuera en un fogón quebrado y tirado, cortándose un grano de la mano con una navaja grande. Con su cabello blanco y sucio, las barbas largas y los ojos dementes, el médico le parecía a la Sylvia como el mero mashishe. Le siguieron para dentro de la estación oscura, tropezando en sus innumerables perros fieros, hasta que llegaron a su "oficina", un cuarto vacío y puerco con una mesita y un sofá arruinado. Le quitaron los calzones a Onésimo y le acostaron en el sofá de las sopandas peladas. Luego el médico le echó aceite de zorrillo en las piernas paralíticas, explicándole que no había mejor remedio en todo el mundo para los reumos. Pero cuando comenzó a sobarlo, amasando las piernas, pegándoles como si fueran pedazos de carne muerta, le dolió tanto al pobre Onésimo que se puso a gritar y llorar como un niño. —¡Eso! ¡Eso! —cantó el sobador loco, entrándole hasta más duro.

Después de ese episodio, la Sylvia pensó que ya le iba a convencer a su papá de que fuera al doctor. Pero no. Todavía se quedó terco. "No quiero nada que ver con ningún doctor", decía. "Y, de todos modos, mi compadre Sebedeo me dijo que conoce a una viejita que sanó allá con los 'Holy Rollers'."

Y, aunque la Sylvia protestaba fuertemente, aparecieron un viernes por la noche en el Templo Bautista—ella, su pobre marido y su papá cabezudo. Si la visita al médico fue una locura, esto sí era pura insania. Cuando entraron, ya los creyentes se habían calentado, ladeándose de un lado al otro, todos juntos, cantando en alta voz un himno a Jesús. Después de muchas canciones y hasta más "aleluyas" al fin se levantó un hombre flaco con anteojos negros y vestido de una chaqueta arrugada, casi doble su tamaño. Se paró adelante de los otros y empezó a predicarles en un tono que

in front of everyone. He began to preach in a voice that vacillated between a ridiculous whistle and a thunderous rumble. Noticing the man seated in the wheelchair in the back of the room, he seized on the opportunity to teach his faithful flock a moral lesson and, at the same time, to give them a good show for their money.

"Brothers and sisters in Christ, believe in Jesus, only in Jesus, and He will guide you through the Valley of the Shadow of Death. Put all your faith in Him, because He alone has the power to make the blind see, the deaf hear, and the lame walk.

"There we have a poor afflicted brother," he declared, pointing to Onésimo with a grandiose gesture. "Help me, brothers and sisters! Help me cast the demon from out of our brother's soul. Let us lay the wondrous healing hands of the Almighty upon him."

And, in an instant, Onésimo was completely surrounded by people of all ages and varying degrees of emotion. Everyone placed his hands on Onésimo—on his shoulders, arms, legs and head and, at an invisible but seemingly well-rehearsed signal, all closed their eyes and began to speak in tongues. Poor Onésimo was terrified, trapped inside a ring of perfect strangers half-crazy with passion and yelling nonsensical words in cacophonous unison. Finally, when their fervor intensified even more, they began to shake Onésimo, jerking his wheelchair until they threw him to the floor with a crash. Wilfredo had to extricate the old man, pushing and shoving his way through and receiving, for his reward, a black eye.

Finally, it was decided that Onésimo would go to the clinic. The old man could no longer refuse because Wilfredo had had it with him. The couple even discussed the possibility of sending him to an old folks home. They spoke in English, but loudly and slowly enough so that Onésimo could hear and understand. The only thing Onésimo could ask was that he not be forced to see the same cutthroat who had put him in "this damned wheelchair." So Sylvia had found him another doctor, a German from Paraguay who could speak Spanish.

"Take off your shirt please, sir."

"He doesn't speak English, Miss Bivens. La nodrisa dice... LA NODRISA DICE QUE SE QUITE LA CAMISA."

And his newlywed wife Dorotea helped him out of his shirt. Both of them were nervous this first night in the same bed—he less than her, perhaps, because of all the wine he had drunk during the day. And then he, in turn, helped her take off her wedding dress, the white dress he had brought from Santa Fe in a six-day journey. And

variaba entre un chiflido y un trueno amenazante. Notando el hombre en la silla de ruedas allí atrás, se apoderó de la oportunidad de hacer una lección moral y, al mismo tiempo, una exhibición emocionante para su atajo de fieles.

—Hermanos y hermanas en Cristo, crean en Jesús, sólo en Jesús, y los guiará por el valle de la sombra de la muerte. Pongan toda su confianza en El, porque El tiene el poder de hacer ver a los ciegos, de abrir los oídos de los sordos, y de levantar a los cojos.

—Allí tenemos un pobre hermano afligido —declaró, apuntando a Onésimo con un gesto grandioso—. ¡Ayúdenme, hermanos! Ayúdenme a echar el demonio fuera de nuestro hermano. Vamos a tocarle con las manos curativas del Señor Todopoderoso.

Y, en un instante, el Onésimo estaba completamente rodeado de personas de todas las edades y de varios grados de emoción. Todos pusieron las manos en él—en los hombros, en los brazos, las piernas y cabeza y, por una señal invisible y quizás bien repetida, todos cerraron los ojos y comenzaron a hablar en lenguas. El pobre Onésimo estaba espantado, trampado dentro de un círculo de gente desconocida, media loca con pasión y gritando puras palabras insensibles, todos a la vez. Y luego, cuando su fervor todavía cundió más, empezaron a agitarlo, meciendo su silla hasta que, con un golpe, lo tiraron al suelo. El Wilfredo tuvo que librarlo a puros empujones, recibiendo como recompensa un ojo negro.

Al fin estaba decidido que el Onésimo iría a la clínica. El viejo ya no podía negar porque el Wilfredo se había colmado con él. La pareja hasta habló de la posibilidad de mandarlo a una Casa de Ancianos—en inglés, pero en voz alta y despacio para que el Onésimo oyera y entendiera. Lo único que el Onésimo podía pedir fue que no viera al mismo asesino que le había puesto en "esta silla condenada". De modo que la Sylvia le halló otro doctor, un alemán de Paraguay que podía hablar español.

—Take off your shirt please, sir.

—He doesn't speak English, Miss Bivens. La nodrisa dice... LA NODRISA DICE QUE SE QUITE LA CAMISA.

Y su nueva esposa Dorotea le ayudó a quitarse la camisa. Los dos andaban bien nerviosos esta primera noche en la misma cama, él menos que ella a causa de haber bebido bastante vino durante el día. Y luego él también estaba ayudándole a ella con su túnico de casorio, el túnico blanco que había traído en un viaje de seis días a Santa Fé. Y entraron a descubrirse uno al otro, con tosquedad y ternura.

they commenced the clumsy exploration and the tender discovery of one another.

They talked afterwards by the light of a kerosene lamp of all the adventures of their wedding day. They laughed, recalling how frightened Dorotea had gotten when the ring wouldn't slip onto Onésimo's finger. In her anxiety, she had even forgotten the vows Father Francisco was asking her to repeat.

And then the fiesta had begun, and it was one the people of Los Cañones, Youngesville, and Coyote would never forget. Cousin Anselmo and his brothers and brothers-in-law were playing the accordion, violin, and guitar and as soon as everyone arrived from the church they started the "marcha." All the couples formed two chains and Uncle Facundo patted every head passing under the human bridge in drunken benediction. (He had started drinking before the services or, if truth be told, hadn't quit since the night before.) Later on, Facundo got into a fight with his own son Santiago because he wouldn't buy him another bottle. But no one paid much attention because Onésimo and Dorotea were kneeling before their parents while the band sang the "entriega." And then, with a communal shout of joy, everyone began to dance.

Onésimo had never danced so much in his life. He took every sister, sister-in-law, cousin, aunt, friend and acquaintance out to dance and when he got tired and sat down to rest, they'd come and pull him out on the floor again. The caller announced each dance—the polka, waltz, varsoliana, chotis, cutilio, cuadrilla, cuna, and jota—while Solomón Archuleta sang:

> Jota, jota, que te la jugué
> I got married to another and left you to stay.
> On the road to California, where you can't ask for more
> The shoes just two bits and hats only four.
> The crow in the sky, he flies with such speed
> He flies far behind, yet he's just in front of me.
> If my heart is hard, yours has a diamond's reputation
> For no matter what I do, your heart allows no penetration.

And then it was time to eat. The women in Dorotea's family took out bowls and more bowls of posole, chicos, beans with cueritos, tamales, red chile with pork, and green chile with ground beef. They placed a huge pile of fresh tortillas at one end of the table and behind them were bizcochitos and apricot and plum pies. And

Después platicaron, por la luz de una lámpara de aceite, de todas las aventuras del día de su boda. Se rieron acordándose del miedo que le había dado a la Dorotea cuando el anillo no le venía a Onésimo y ella, en su pena, se olvidó las palabras que el padre Francisco le estaba mandando que repitiera.

Luego habían entrado en la fiesta, y era una fiesta que a la plebe de Los Cañones, Youngesville y Coyote no se les iba a olvidar nunca. Primo Anselmo y sus hermanos y cuñados estaban tocando su acordeón, violín y guitarra y, nomás llegaron todos de la iglesia, de una vez empezaron la marcha. Las parejas formaron dos cadenas con el tío Facundo tocando a todos en la cabeza en una bendición embolada cuando pasaban por la puente humana (él había comenzado con su botella antes de los servicios o, mejor dicho, no la había aflojado todavía de la noche anterior). Después entró él en una pelea con su propio hijo Santiago cuando no le quería comprar otra botella. Pero naiden le puso mucha atención al Facundo porque ya el Onésimo y la Dorotea se habían hincado adelante de sus padres mientras que la banda cantó la "entriega". Y luego, con un grito comunal de gusto, todos empezaron a bailar.

El Onésimo nunca había bailado tanto en toda su vida. Sacó a cada hermana, cuñada, prima, tía, amiga y conocida a bailar, y cuando él se cansaba y se sentaba, ellas también lo sacaban a él. El bastonero les llamaba a bailar cada pieza—las polcas, el valse, la varsoliana, el chotis, el cutilio, la cuadrilla, la cuna y la jota, mientras que el Solomón Archuleta cantaba:

> Jota, jota que te la jugué
> Me casé con otra y a ti te dejé.
> Camino de California 'onde se trata barato
> Los zapatos a dos reales y los sombreros a cuatro.
> El cuervo en el aire vuela vejilante
> Vuela para atrás y vuela pa'delante.
> Si mi corazón es duro, tú eres un diamante
> Que mi corazón no ha podido ablandarte.

Y luego era tiempo para comer. Las mujeres de la familia de la Dorotea sacaron ollas y más ollas de posole, chicos, frijoles con cueritos, tamales, chile colorado con carne de marrano y chile verde con carne molida. Pusieron una olla gigante de tortillas frescas en una orilla de la mesa y atrás de ellas había bizcochitos y pastelitos de albarcoque y ciruela. Y ya cuando no podían comer más, los Archuletas se revivieron y todos salieron otra vez a bailar.

when no one could eat another bite, the Archuletas revived and everyone returned to the dance floor.

But Dorotea's favorite moment of the entire day was when Onésimo "saved" his sister. Petrita, Onésimo's older sister, was a pompous woman. Since she had attended school in Española, she felt herself a bit superior to everyone else in Los Cañones. But the worst thing was that Petrita was always trying to separate Onésimo and Dorotea out of pure envy. She couldn't endure seeing someone else happy, since she had never been satisfied with her own life. She even told Onésimo in confidence that she had seen Dorotea with Liberato down by the river. But Onésimo knew his sister too well and trusted her no more than he did the wild mustangs he captured every spring.

It happened that Petrita had gone to the wedding all cinched up in a corset to hide her belly. All the food, drink, and dancing in the middle of the steamy floor packed with sweating bodies was just too much for her. All at once, she fainted. The music stopped, the women panicked, and somebody cried out that she was dead. But Onésimo knew what to do. He knew exactly what to do. The beauty of it was that it would relieve both his "patient" and himself, providing him with the opportunity for a little delicious revenge for all the trouble she had caused him. He pulled out his knife and, there in the center of the floor, he ripped open his sister's blouse and cut the cords of the corset in a single swipe of the knife. A mountain of lard heaved and sagged in all directions. Everyone watching burst into laughter and Petrita, who Onésimo guessed hadn't really fainted in the first place, suddenly awakened. Then the Archuletas struck up the revolutionary song "Adelita," and everyone returned to drinking and dancing while Petrita went running home, already planning her vengeance.

But it never did her any good. Even though she continued badgering Onésimo and Dorotea, she could never really harm them, for they had gotten a strong start. They continued living a full life, with four sons and three daughters, and always a roof over their heads and plenty of food on the table. Onésimo, though, had had to work hard all his life, starting with the potato harvest in southern Colorado and continuing as a shepherd in Utah. At last, he had been able to buy his own place where he could raise his animals and harvest enough alfalfa and chile to survive. But it seemed to be Onésimo's destiny to suffer because as soon as they moved to the new ranch, he began to be troubled by rheumatism—the same

Pero el mejor momento de todo el día para la Dorotea era cuando el Onésimo "salvó" a su hermana. Petrita, la única hermana mayor del Onésimo, era una mujer muy facetita. Como había ido a la escuela en Española, ella pensaba que era un poco superior a los otros de Los Cañones. Lo peor era que la Petrita había hecho mucha fuerza por separar al Onésimo y la Dorotea de pura envidia. No aguantaba ver a otra gente contenta, como nunca en la vida había estado satisfecha ella. Hasta dijo al Onésimo en confianza que ella había visto a la Dorotea juntarse con el Liberato allí junto al río. Pero el Onésimo ya conocía bien a su hermana y no se confiaba más en ella que en los caballos broncos que pescaba cada primavera.

Pues, tocó que la Petrita había ido al casorio bien amarrada con un corsé para esconder su panza. Nomás que había bebido y comido demás y, con aquel calor en el medio de todos los cuerpos sudados, de repente se desmayó. Se paró la música, las mujeres se excitaron y alguien lloraba que estaba muerta. Pero el Onésimo sabía qué hacer. El sabía exactamente qué hacer. Y lo bonito fue que le iba a dar alivio a su paciente y también a sí mismo—un dulce pago por toda la broma que ella le había causado en la vida. Pues, agarró su navaja y allí adelante de todos, en el medio del suelo, abrió la blusa de Petrita y en una pasada del cuchillo cortó todos los mecates del corsé. Un montón de manteca se reventó de una vez por todos los rumbos, cosa que les dio risa a los que estaban mirando y que despertó a la Petrita, que el Onésimo adivinaba que no había desmayado de verdad. Y luego los Archuletas le entraron a la canción revolucionaria, "Adelita", y todos siguieron bailando y emborrachándose mientras que la Petrita se huyó corriendo a la casa, ya planeando su venganza.

Pero nunca le valió (aunque la Petrita siguió toda la vida dándoles broma) porque el Onésimo y la Dorotea habían empezado bien su vida. Y así siguieron, con cuatro hijos y tres hijas, y siempre un techo sobre la cabeza y suficiente comida en la mesa. El Onésimo tuvo que trabajar muy duro toda la vida, comenzando con la pisca de papas en el sur de Colorado y cuidando las borregas allá en "Uto". Al fin había podido comprar un ranchito donde criaba sus animales y cosechaba suficiente alfalfa y chile para poder hacer la vida. Pero quizás era su destino sufrir en este mundo porque nomás se mudaron pa'l rancho nuevo y le comenzaban a molestar los reumos, estos reumos que le tenían ahora como un niño en la cama. Y se fueron volviendo un poco peor, un poquito peor todo el

crippling disease that had reduced his life to a child's existence. The pain got worse, a little more severe all the time, until finally he could barely walk out to the corral to feed the animals.

Yes, he had endured a lot of hardships, but Onésimo had to admit that his wife had worked and suffered equally with him. Her parents had died in a fire when she was barely fourteen years old and she had been left with the responsibility of raising her seven younger brothers and sisters. In those times it wasn't easy to raise your own kids, Onésimo realized now. When he had been stricken with rheumatism, Dorotea had taken care of him with a patience that bordered on sainthood. She had never complained, even though Onésimo himself realized that he could be an exceedingly difficult patient at times.

Then, one morning Dorotea had awakened spitting up blood. At first they thought—they hoped—it was only a passing illness. They went to Tonita, the curandera of the pueblo, and she had given Dorotea a green tea concocted from her secret herbs. But when the pain in Dorotea's chest became intolerable, they took her to the hospital in Santa Fe where they said she had cancer and where she died.

"Where they killed her," Onésimo said aloud in Spanish.

"What's that, Mr. Salazar? Here now, hold this cotton with your arm for a minute so you won't bleed."

And they rolled him back to the same room where they left him to wait again, just as he waited every weekend to see his children. "Maybe this Christmas I'll get to see them, if God grants me the chance," he thought. Onésimo was proud of his children and the success each had experienced in life. Bernie, his oldest, worked at Kirkland Air Force Base. Helen was a professor of philosophy at the University of Utah, in the same country where Onésimo had worn out so many boots decades before herding sheep. Maria Louisa was married to an Albuquerque banker and they even had a swimming pool in their huge house up on the mesa. Louie was a dentist in Santa Fe and Martin worked as an engineer in Los Alamos. David—he was the only one who hadn't come out good. It was like the old saying, Onésimo thought: "He who hangs around wolves eventually learns how to howl." David had gotten in with the pachucos and marijuanos and now he wasn't worth a damn, wasting his life in the pool halls. Onésimo had never understood David, but the others, the rest of his children....

tiempo hasta que ya le estaba doliendo mucho para andar al corral a asistir a los animales.

Sí, había sufrido mucho en su vida, pero el Onésimo también tenía que considerar que su esposa había trabajado y sufrido igualmente. Su papá y mamá habían muerto en un fuego cuando tenía apenas catorce años y ella se había quedado sola con la responsabilidad de criar a sus siete hermanos menores. Luego, la vida en aquellos tiempos con sus propios hijos no era nada fácil tampoco, como el Onésimo se daba cuenta ahora. Cuando se enfermó con los reumos, ella lo cuidaba con más cariño y paciencia que una santa. El Onésimo sabía que se ponía de muy mal humor en veces, pero ella nunca se quejaba.

Luego una mañana la Dorotea se levantó escupiendo sangre. Al principio pensaron, esperaron que fuera una enfermedad temporaria. Fueron a ver a la Tonita, la curandera conocida por todo el pueblo, y ella le había dado un té verde hecho de sus yerbas secretas. Pero cuando el dolor le comenzaba a pegar tan terrible en el pecho, la llevaron al hospital en Santa Fé donde dijeron que tenía cáncer y donde se murió.

—Donde la mataron —corregió el Onésimo.

—What's that, Mr. Salazar? Here now, hold this cotton with your arm for a minute so you won't bleed.

Y lo rodaron pa'trás al mismo cuarto donde lo dejaron esperando otra vez, como esperaba cada fin de semana para ver a sus hijos. "Pueda que para esta Navidad los vea a todos si Dios me presta vida", pensaba. El Onésimo tenía mucho orgullo en sus hijos y el éxito que cada uno había tenido en la vida. El Bernie, su hijo mayor, trabajaba en Kirkland Air Force Base. La Helen era una profesora de filosofía en la Universidad de Utah, en el mismo campo donde el Onésimo había gastado tantos zapatos arreando las borregas antes. La María Louisa estaba casada con un banquero de Albuquerque y tenían hasta un "swimming pool" en su casa inmensa allá en la mesa. El Louie era un dentista en Santa Fé, y el Martín trabajaba como un ingeniero en Los Alamos. El David—ese era el único que no había salido bien. Era como el dicho dice, pensaba el Onésimo—él que anda con lobos, a aullar se enseña. El David había entrado con los marijuanos y pachucos y ya no servía para nada, gastando toda su vida en el "pool hall". El Onésimo nunca le había entendido al David, pero los otros, los demás. . . .

Pero nunca me vienen a visitar. No es que está tan lejos. Ahora

But they never come to visit me. It's not so far for them to come. For my birthday Sylvia was the only one who remembered me (well, David did drop by for a minute, but just to say hello). Yes, I'm pleased with the advantages they've given their children—the things I could never give to them. But how I'd like to see them, just once in awhile. Just to talk, see the grandchildren. Just to talk.

Onésimo rolled his chair to the nurses' station where the Anglo nurse who had first addressed him was seated, talking on the phone. He waited there in front of her for some time, while she ignored him in the hope that he would go away. Finally, when she saw that he was not going to leave, she said into the telephone, "Hold the line a minute, honey." Then she looked at the old man and asked him, "What can we do for you, Mr. Salazar?"

"¿Cuándo viene mi doctor?"

"Your doctor, you say? Well, Mr. Salazar, he hasn't come in quite yet. But just relax and make yourself comfortable and we'll get you in to see him the minute he arrives."

"¿Qué horas son? Uh...what time it is?"

The nurse, weary of wasting time on the old man and afraid of leaving her boyfriend waiting too long on the telephone, said "I'm sorry, Mr. Salazar, but I forgot to put on my watch this morning. It's just terrible. You know, I feel practically undressed without it!" And she returned to the telephone, glancing a moment at the clock on the opposite wall of her office (out of the view of the crippled man), reflecting that Dr. Luedtke was awfully late this morning.

Onésimo wheeled himself to the water fountain on the other side of the nurses' station. But when he got there, he realized that he wouldn't be able to reach the water. He turned to look at the people sitting in the room and all their eyes darted back to their magazines or their hands.

Only a young boy, eight or nine years old, watched Onésimo with wide eyes. Like Carlitos' eyes when Onésimo used to tell him tales of the old days—stories about the wild mountain cats he had seen and the horses he had tamed. Carlitos, Sylvia's son, was the only grandchild Onésimo could talk to in Spanish. And that was only because he had taught him. Since Carlitos' mother worked, Onésimo used to take care of the boy before he was old enough to go to school.

Onésimo had taught his grandson a great deal and he always enjoyed the boy's company. Carlitos accompanied his grandfather

*para mis cumpleaños nomás la Sylvia se acordó de mí (bueno, sí el
David me dio la vuelta, pero nomás a saludarme). Sí, me felicito en
todo lo que han hecho y en las ventajas que han dado a sus hijos
que yo nunca les podía dar a ellos. Pero cómo me gustaría verlos,
nomás de vez en cuando, a platicar un ratito—y a ver a los nietos.
Nomás a platicar.*

El Onésimo le dio a la silla hacia la estación donde la nodriza
gringa que le había hablado al principio estaba sentada, platicando
en el teléfono. Allí esperaba adelante de ella por un buen tiempo,
mientras que ella lo ignoraba a él con la esperanza de que se fuera.
Al fin, cuando veía que no se quitaba de ahí, dijo en el teléfono:
—Hold the line a minute, honey —y le miró al anciano, pre-
guntándole—: What can we do for you, Mr. Salazar?

—¿Cuándo viene mi doctor?

—Your doctor, you say? Well, Mr. Salazar, he hasn't come in
quite yet. But just relax and make yourself comfortable, and we'll
get you in to see him the minute he arrives.

—¿Qué horas son? Uh...what time it is?

La nodriza, ya cansada de gastar tiempo en este viejo y no
queriendo dejar a su novio esperando tanto en la línea, dijo: —I'm
sorry, Mr. Salazar, but I forgot to put on my watch this morning. It's
just terrible. You know, I feel practically undressed without it!—Y
se volvió al teléfono, mirando un momento el reloj en la otra pared
de su oficina y fuera de la vista del hombre paralítico, reflejando de
que sí, el doctor Luedtke andaba muy tarde esta mañana.

El Onésimo se fue rodando a la fuente de agua a un lado de la
ventana de las nodrisas. Pero cuando llegó allí, vio que no podía
alcanzar a beber el agua. Volteó la cara a ver a los otros sentados
en el cuarto y todos los ojos se volvieron de repente a las revistas o
las manos.

Nomás un muchacho de ocho o nueve años le miraba con los
ojos bien abiertos. Como los ojitos del Carlitos cuando le platicaba
cuentos de los tiempos antiguos, de los gatos monteces que había
visto y los caballos que había amansado. El Carlitos, hijo de la
Sylvia, era el único nieto con que podía platicar un poco en
mexicano. Y eso era nomás porque le había enseñado. Como su
mamá trabajaba, el Onésimo le cuidaba a su nieto cuando era
chiquito, antes de entrar en la escuela.

Mucho le enseñaba a ese muchachito y al Onésimo le gustaba
su compañía igualmente. El Carlitos le acompañaba por donde iba,

wherever he went, whether it was to irrigate the garden or brand the calves. And he used to help his grandfather too, crouching behind the rocks on the opposite side of the gate of the corral while the old man drove the cattle to the pen. When his grandfather would yell out the signal, the boy would spring from his hiding place just in time to turn the cattle into the corral. Carlos had no fear of the dangerous horns of the animals; he trusted his grandfather totally. Once, when they were planting the garden, Onésimo gave him a candy, swearing that if he'd plant it an entire tree of candies would grow on the spot. Even though Carlitos knew it was impossible, still he buried the candy.

They were friends, Onésimo and his grandson. When they weren't too busy, they'd sit and play cunquian, a card game he taught the boy and one which, in time, Carlitos played almost as well as he did. Often, they'd just drive around in that old Ford pickup of Onésimo's with the busted racks and the hood tied down with baling wire.

Such a good boy Carlitos was! He could have done anything in this world—anything! If only he hadn't gotten in that truck with that old fool Ramón, that truck with the door that wouldn't stay shut! If only he hadn't fallen head first ....

As he arrived at the chair where the boy in the doctor's office was seated, Onésimo asked him: "¿Te gusta esperar al doctor?"

When the boy did not respond, he said: "You like the waiting for the doctor?"

The boy still did not answer, sliding wordlessly down in his chair. Onésimo glanced at the boy's mother sitting next to him. She, likewise, fidgeted in her seat and tried not to look Onésimo in the eyes.

The same thing. Just like always. They're afraid some old man's going to bother them. That he's going to get in the way.

"Señor Salazar," Clotilde, who had just returned from lunch, addressed the old man in Spanish. "SEÑOR SALAZAR... BAD NEWS. YOUR DOCTOR JUST CALLED AND SAID HE'S IN THE HOSPITAL OPERATING. HE SAID HE'S SORRY, BUT HE WON'T BE ABLE TO MAKE IT TO THE CLINIC TODAY. COULD YOU COME ANOTHER DAY NEXT WEEK? WHAT ABOUT MONDAY, THE 14TH"

"Bueno, Bueno, no importa. It doesn't matter what day."

"VERY WELL. THE 14TH THEN, AT 10 O'CLOCK IN THE MORN-

si era para regar el jardín o marcar a los becerros nuevos. Y le ayudaba bien a su abuelo, escondiéndose atrás de unas piedras al otro lado de la puerta del corral cuando el viejo arreaba las vacas para encerrarlas. Y cuando su abuelo le gritaba, el muchacho brincaba pa' fuera nomás a tiempo de espantar las vacas y voltearlas pa' dentro del corral. El chiquito nunca tenía miedo de los cuernos peligrosos de los animales; él confiaba completamente en su abuelo. Y una vez, cuando andaban sembrando la huerta y el Onésimo le dio un dulce, jurando que si lo sembraba saldría un árbol de puros dulces, pues fue y lo enterró, aunque sabía que era imposible.

Lo que le valía más al Onésimo era que su nieto le servía de amigo. Cuando no tenía mucho oficio, pues se sentaban los dos a jugar a la cunquián, juego que le enseñó al nieto y que, con el tiempo, jugaba casi igual que él. Y muchas veces nomás se paseaban en la troquita Ford con el barandal quebrado y el tapón amarrado con alambre.

—*¡Qué muchacho ese Carlitos! El pudiera haber hecho cualquier cosa en este mundo. Cualquier cosa. ¡Si no se hubiera subido con ese pendejo de Ramón en su troca con la puerta que no cerraba bien! Si no se hubiera caído con la cabeza pa'bajo....*

Llegando a la silleta donde el muchachito estaba sentado, el Onésimo le preguntó: —¿Te gusta esperar al doctor?

Y cuando el muchacho no respondió, le dijo: —You like the waiting for the doctor?

El muchacho todavía no contestó, nomás resbalándose más pa'bajo en su silleta. El Onésimo miró a la mamá sentada al otro lado del muchacho. Ella se movió en su silleta, nerviosa y haciendo mucha fuerza de no mirarlo al viejo en los ojos.

La misma cosa. La mismita cosa como siempre. Tienen miedo de que un pobre viejito les vaya a molestar. Que les vaya a estorbar.

—Señor Salazar —dijo la Clotilde, que había vuelto de su lonche—, SEÑOR SALAZAR . . . MALAS NUEVAS. SU DOCTOR LLAMO AHORA Y DIJO QUE ESTA EN EL HOSPITAL, HACIENDO UNA OPERACION. DIJO QUE LO SIENTE MUCHO PERO NO VA A PODER LLEGAR A LA CLINICA HOY. ¿NO PUEDE USTED VENIR OTRO DIA LA SEMANA QUE ENTRA? ¿QUE PIENSA DEL LUNES, EL DIA 14?

ING. SEÑOR SALAZAR...ah...ah...WHEN ARE THEY COMING
FOR YOU?"

"I don't know—I don't know."

He returned to his place by the wall, once again to wait, this time
for Sylvia.

And they were walking up the path to La Mesa de las Calaveras.
Dorotea needed some chamiso hediondo for the baby, who had an
earache. Onésimo had gone out to look for the herb with Sylvia,
who was only four years old at the time. They were on their way
back to the house with the chamiso when they heard a tremendous
growl. All at once, a bear reared before them. Luckily Onésimo had
his rifle with him, as he had planned to shoot at rabbits along the
way for a little diversion. He barely had time to fire the rifle once,
but he aimed accurately in that life-or-death instant. The bear fell
with a great crash, and Sylvia ran off in terror all the way to the
house. Even though Onésimo called and called after her, she kept
running, far away, leaving him alone.

*Where is everyone? The nurses, where did they go? It's so
dark—where am I?*

Although Onésimo was confused to find himself in this unknown
place, he felt, at the same time, a certain peace. He experienced a
sense of relief, a sensation of well-being he had not known since
those long-ago times when he had tracked an animal all alone in the
mountains and had breathed the pure, frozen air. Onésimo some-
how knew there was nothing here to fear.

Then, at the end of the hall, a figure appeared. It approached—
the slight figure of a woman.

*Who is it? Sylvia? Is it you, Sylvia? Finally you've come, hijita.
I'm so tired of waiting.*

But it wasn't Sylvia who drew near. It was a pale lady with black
hair and eyes, dressed in a white gown, a wedding gown. And the
face, with the delicate nose and the tiny mouth... the face looked
like Dorotea's when she was young, when they were just married.

My Dorotea.

With a leap, Onésimo sprang from his wheelchair and ran to
embrace his love, to kiss her once again.

But you're not Dorotea.

No, Onésimo. They call me Sebastiana.

—Bueno. Bueno, no importa. No importa qué día.

—MUY BIEN. EL DIA 14 ENTONCES, A LAS DIEZ DE LA MA-ÑANA. SEÑOR SALAZAR...ah...ah...¿CUANDO VIENEN POR USTED?

—No sé. Yo no sé.

Y volvío a su lugar junto a la pared, otra vez para esperar— ahora por la Sylvia.

Y estaba andando por el caminito a la Mesa de las Calaveras. La Dorotea había necesitado chamiso hediondo para curar al niño, que tenía dolor del oído. El Onésimo había salido con la Sylvia, apenas cuatro años de edad, en busca de la yerba. Ya venían pa'trás a la casa con un bonche de chamiso cuando oyeron un regañamiento y allí, de repente, se paró un oso adelante de ellos. De suerte Onésimo había llevado su carabina, como también pensaba tirar a los conejos para divertirse mientras que andaban. Apenas tuvo tiempo para descargar el rifle una sola vez, pero apuntó bien en ese segundo que decidía el rumbo para la vida o para la muerte. El oso se cayó con un estrépito grande, y la Sylvia arrancó, aterrada, corriendo todo el camino hasta la casita. Y aunque el Onésimo le gritaba y gritaba, siempre le dejaba solito.

¿Dónde están todos? Las nodrisas—¿dónde andan? Cómo 'stá oscuro—¿dónde estoy?

Y aunque el Onésimo estaba confuso por hallarse en un lugar desconocido, al mismo tiempo sentía una paz, un alivio que no había sentido desde aquellos años cuando andaba atrás de un animal en el campo, bien solito en todo el monte, siguiendo las huellas y resollando el aire puro y frío. El sabía que no había nada aquí para temer.

Luego, a la orilla del corredor, apareció una figura que se arrimaba—una mujer.

¿Quién es? ¿Sylvia? ¿Eres tú, Sylvia? Al fin venites, hijita. Ya estoy tan cansado de esperar.

Pero no era Sylvia la que venía. Era una mujer pálida con cabello y ojos negros, vestida en un túnico blanco—un túnico de casorio. Y la cara, con las narices delicadas y la boca chiquita...la cara se parecía a la de la Dorotea cuando era joven, cuando estaban recién casados.

Mi Dorotea.

And, while the patients waiting for their doctors turned another page in their magazines, a searing pain ripped through Onésimo's chest.

His wait had finally come to an end.

Con un salto se levantó de la silla y corrió a abrazarla a su amor, a besarla una vez más.

Tú no eres la Dorotea.

No, Onésimo. A mí me llaman Sebastiana.

Y allí, mientras que los pacientes esperando a sus doctores volteaban otra página en sus revistas, le dio al Onésimo un dolor profundo en el pecho.

Su espera, al fin, se había acabado.

The Meeting

Everybody was there. All the neighbors from Corral de Piedra, la Plaza Larga, la Loma, el Guache, and even some dudes from Corucotown. El White was there, with his incredible stomach hanging over his belt like the belly of one of his pregnant mares. El White spent all his time with his sick animals (he was never at the house—his wife claimed to have forgotten what he looked like). But he was so cheap that he'd only feed his beloved cows and pigs a small block of dusty hay once a day. The neighborhood joke was that his milk cow was so skinny and weak that he had to prop her up with poles before he could even milk her.

Bennie was there too, leaning back in his chair, worked up as usual and talking loudly. After working for twenty years at Foodway sacking groceries, he had finally graduated to his current position of driving the Frito-Lay truck all over Río Arriba County. There wasn't a man alive who knew more about stocking Frito packages on the shelves. And even though Bennie was losing his hair, he still possessed the round, vacant face of a high school kid.

Helen, Bennie's mother, was sitting in her chair crocheting. She was talking about her illnesses with those who had made the mistake of sitting next to her. If you dug out just one shovelful of dirt for every symptom of cancer, every pain in the liver and heart, and every tragedy in her woeful life, you would have emerged long ago in China. The poor woman took unnatural delight in disturbing her friends and neighbors with her dark, morbid reports of her all too fragile mortality. Yet, she still worked all day long in her garden, even at seventy-two years of age, and every morning she walked the five miles to town to go to mass. She had already outlived two

La junta

Allí andaban todos los vecinos de Corral de Piedra, la Plaza Larga, la Loma, el Guache y, sí, hasta algunos varones del Corucotown. Estaba el White, con su barrigota fabulosa colgando sobre su faja como la panza de una de sus pobres yeguas preñadas. El White pasaba todo su tiempo con sus animales enfermos (nunca estaba en la casa—su mujer decía que ya se olvidaba de como se parecía él) pero, quizás por lo jambao, nunca asistía a sus queridas vacas y marranas—nomás un bloquecito de zacate polvoroso una pura vez al día. El chisme por la vecindad era que su vaca de leche estaba tan flaca y triste que la tenía que parar con unos puntales para que no se cayera cuando la ordeñaba.

También andaba el Bennie, casi acostado en su silleta, hablando recio, excitado como siempre. Después de veinte años en el Foodway echando jarros en sacos, al fin se había graduado a su presente posición de manejar la troca de Frito-Lay por todo el condado de Río Arriba. No existía mejor experto en como poner los paquetitos de Fritos en los almacenes que el Bennie. Y aunque se le estaba cayendo el cabello, todavía tenía la cara redonda y vacía de un chamaquito de jaiskul.

La Helen, mamá del Bennie, estaba sentada trabajando en su croché. Estaba platicando de sus enfermedades a los que hicieron el equívoco de sentarse cerca de ella. Si sacaría uno nomás una paladita de tierra por cada síntoma de cáncer, cada dolor del corazón e hígado y cada tragedia de su tristísima vida, ya saldría uno por China. La pobre mujer se animaba desanimando a todas las comadres y vecinas con sus reportes oscuros y mórbidos de su frágil mortalidad. Nomás que todavía jalaba todo el día en su huerta a sus setenta y dos años y andaba las cinco millas para la plaza

husbands and four children and the smart money in these parts was not on death's side.

El Peladito, the sole anglo in this bunch of people, walked in, late as usual. It had been years since he'd set his watch on "Chicano-time," and, not wanting to arrive punctually like a damned gringo, he always showed up precisely one half-hour late. El Peladito spoke more Spanish than the Chicanos themselves and made adobes while all the neighbors were buying double-wide mobile homes. He always seemed to be trying to prove something to somebody, but he was a good enough guy, stubbornly plowing his chile with his spooky horse and almost killing himself when the animal would rear at the racket Billy made passing by in his tractor.

"Güenas noches," Billy said, ducking his head to enter through the low door, gliding like a sleepwalker to his place next to the heater. Everybody knew he had visited the Godfather's bar before coming to the meeting. With his swollen eyes and trembling hands, he looked like a huge, fatigued bird. Billy was a house painter, and he lent veracity to the old myth that painters always drink, for he spent more time with a Coors in his hand than a brush. He was also a ditch commissioner and owned a large ranch, but, since he passed through life half-asleep and insensate, everybody took advantage of him.

"Hey, Bennie, wha... wha... where's the Godfather?" Billy asked as he ran his hands through his long, filthy hair.

"Well, I don't know, man. Didn't you just see him now?"

"Me? I... ah... I don't remember."

Helen dropped her crochet needles a moment to shake her head over her poor drunken cousin, while Bennie returned his attention to his pocketknife, experimenting with the edge of the blade on the hairs of his arm.

The Godfather, a tiny man with a beard bushier than Moses himself, was the owner of a grocery store, a bar, and was the conscience of the community. He had always been there, behind the register, selling candy, Bull Durham, and copies of the news-paper, *El Hispano,* giving credit to the old folks who didn't have the money to buy their beans and advice to the local drunks while he sold them miniatures of Old Crow and Seagrams. The Godfather had been there preaching about regaining the land long before Tijerina had lit his torch to burn up Smokey. He had been reminding the people about their fading culture when Corky Gonzales was still studying his history books. Yes, he was the

todas las mañanas para ir a misa y había sobrevivido a dos esposos y cuatro hijos. Y naiden por estas partes estaba apostando en el lado de la muerte.

También entró el Peladito, el único anglo en este bonche de plebe, tardecito como siempre. Ya hacía años que había puesto su reloj en "Chicanotime" y, no queriendo llegar puntualmente como un gabacho, siempre aparecía exactamente media hora tarde. El Peladito hablaba más español que la raza y hacía adobes cuando los vecinos estaban comprando las casas movibles. Quizás quería probar algo a alguien, pero era buena gente, tercamente barbechando su chile con un caballo espantoso, casi matándose cuando el animal se arrancaba con el ruidazo que hacía el Billy pasando en su tractor.

—Güenas noches —dijo el Billy, agachando la cabeza para entrar por la puerta chaparrita, resbalándose despacio como un somnámbulo a su lugar junto al fogón. Todos sabían que había visitado la cantinita del Godfather antes de venir a la junta. Con sus ojos hinchados y sus manos temblantes se parecía a un ave grandota y fatigada. Le dio crédito al mitote viejo que los pintores siempre salen borrachos porque pintaba casas cuando no la pasaba en las barras. También era comisionado de la acequia y tenía un rancho grande, pero como siempre andaba dormido e insensato, todos se aprovechaban de él.

—Oyes, Bennie, ¿ah...ah...'ónde está el Godfather? —preguntó el Billy, corriendo las manos por su cabello largo y roñoso.

—Pues, yo no sé, hombre. ¿Que no lo vites 'horita?

—¿Yo? No...no me acuerdo.

La Helen dejó su croché un momento para sacudir la cabeza por su pobre primo borracho mientras que el Bennie volvió su atención a su navaja, experimentando con el filo en los cabellitos de su brazo.

El Godfather, hombre chiquito y más barbón que el mero Moisés, era dueño de una tiendita de comidas, una cantina y la conciencia de la comunidad. Siempre había estado allí, detrás de la registradora, vendiendo dulces, Bull Durham, y copias del periódico "El Hispano"—dándoles crédito a los viejitos que no tenían el conque para comprar los frijoles, y consejo a los borrachitos mientras que les vendía miniaturas de Old Crow y Seagrams. El Godfather estaba allí predicando de la necesidad de recuperar la tierra antes de que Tijerina prendiera su torcha para quemar el Smokey. El estaba recordando a la gente de su cultura cuando el

Godfather, controlling his people like a political patrón, but with a gentle authority—implicit, not imposed. And many did not even realize the influence he had on their lives.

"But where is the Godfather?" asked el Peladito.

"Listen," Bennie said, "what's going on with Waldo Gold?"

"Oh, who knows. Now the fucker's got a new trick up his sleeve. Since he can't sell the lots in small pieces, he's selling the land to himself, but under an assumed name. Then, he'll be able to subdivide the land into whatever size lots he wants and we're right back where we started."

Waldo Gold was a land developer, an amoral man with an exceptional lack of principles. For some time he had been attempting to create a large subdivision of mobile homes. The problem was that he wanted to build it on irrigated land, on one of the finest and largest ranches around—that is, until the late Pedro had sold it for next to nothing. All the neighbors understood that a new city of trailers would finish off their gardens and animals, their water and their solitude. It would destroy their very way of life which had scarcely changed in centuries.

Gold wanted to uproot the ancient cottonwoods, cement the Salazar ditch, and pave the old road, changing its name to "Camino de Oro." Waldo couldn't understand these folks—he'd even chosen a Spanish name for the road, and they still weren't satisfied. But all his grand plans to fashion a new city in his own image hadn't panned out because the neighbors had organized against him. And that was something that truly mystified Gold, as he had figured these people were either ignorants or drunks, or both.

But el Peladito had studied the subdivison laws until his eyes were as red as the apples he ate all night long. Helen had interrupted her recitation of aches and pains to telephone the members of the City Council, reminding them that she had baptized their brothers and prayed for their parents. And, of course, the Godfather had talked to everyone (and his voice reaches more people than Radio KDCE, which reverberates from the Jémez mountains all the way down the Río Chama valley.)

At last, these ranchers, old men and, yes, drunks (for Gold had been partially right there, but he didn't understand that raza drunks defend themselves)—finally, this group had been victorious. But, true to his reputation as a bastard thief, Gold immediately began to search for a loophole in the law. So the people had come together to meet again to decide what they should do next.

Corky Gonzales estaba todavía estudiando sus libros de historia. Sí, era el Godfather, y tenía el control de un patrón, pero era un mandamiento muy suavecito, entendido, no forzado—y muchos ni sabían la influencia que él tenía en sus vidas.

—Pero, ¿dónde anda ese Godfather? —dijo el Peladito.

—Oyes —le preguntó el Bennie—, ¿qué está pasando con el Waldo Gold?

—Ay, ¿quién sabe? Ahora el cabroncito tiene otro engaño nuevo. Como ya no puede vender los solares en pedazos chiquitos, se está vendiendo el terreno a sí mismo, pero en otro nombre. Luego va a subdividir esa tierra en el tamaño que quiere y nos quedamos en lo mismo.

Este Waldo Gold era un desarrollador de tierra, un hombre completamente sin principios y sin vergüenza. Hacía tiempo que él había querido hacer una subdivisión grande de casas movibles. Pero estaba queriendo hacerla en un terreno regado, uno de los ranchos más finos y grandes antes que lo vendió el difunto Pedro por nada. Y los vecinos sabían bien que una ciudad nueva de cienes de "trailers" iba a acabar con sus jardines y animales, con su agua y soledad, con su modo de vivir que casi no había cambiado por siglos.

Ahora este Gold quería tirar los álamos ancianos, echar cemento en la acequia de los Salazares y poner brea en el camino viejo, cambiando su nombre al "Camino de Oro". El no podía entender a esta gente—hasta había puesto un nombre español al camino y todavía no se quedaron satisfechos. Pero no le habían valido todos sus planes grandes de crear una plaza nueva en su imagen porque los vecinos se habían juntado, cosa que le dio sorpresa, como él había figurado que eran puros borrachos e ignorantes. Pero el Peladito había estudiado las leyes sobre el desarrollo de la tierra hasta que sus ojos se quedaron del mismo color que las manzanas que comía toda la noche. La Helen había interrumpido su recitación de dolores para telefonear a los miembros del Concilio de la Plaza, recordándoles que ella había bautizado a sus hermanos y rezado por sus papaces. Y seguro que el Godfather había platicado con todos, voz que alcanzaba a más gente que el radio KDCE (¿Qué Dice?) que reverbera de la sierra Jémez hasta el valle del Río Chama.

Y, al último, este atajo de rancheros, viejitos y, sí, borrachos (porque el Gold había dicho bien ahí—nomás que como eran borrachos de raza, se defendieron) ganaron. Pero, como el ladrón-

"But how are we going to have a meeting without the God-father?" said el White, as he scratched his belly.

"Here he comes now!" reported Bennie, peering out through the window at a pickup that approached.

But it was the desperados of the "Mafia," and not the wise dwarf, who entered. These five men, friends since childhood, all lived near Arroyo Loco. They always hung around together and not a single one had married, although Pollo lived off and on with his chick Corrine, Helen's niece.

El Primo (nickname for Primitivo) was the first in. He never removed his greasy hat, one of those broad-brimmed leather jobs the bandits wear in the movies. Then José Gordo appeared at the door. José Gordo was a huge, gross man who always wore a smile on his face and a pistol in his pocket. He wasn't a violent man, but he just felt more macho with the pistol nestled near his balls. He used to wear it in a holster on his belt, but Chief Valdez had busted him so often that now he carried it hidden in the waves of fat around his waist.

José Gordo was followed by the "Lovers," Butch and Rocky Vigil. Everybody called them the "Lovers," but no one knew exactly why—perhaps it was because they were identical twins and not even their aunt Helen could tell them apart half the time. The last person to pass through the door, naturally, was el Pollo, a guy whose entire vocabulary seemed to consist of the two words "ése vato." As he entered, he shook everybody's hand (Chicano style), greeting each person with his "ése vato," once in awhile substituting "ése guy" for variety. After that ritual, the Mafia sat down in the last row of chairs in the back, up against the wall.

"Where's the Godfather?" Pollo asked Billy, but Billy was off in another world.

"Well, who knows?" el White responded for his passed-out companion.

"He's not at the bar," Pollo said with a guffaw that left no doubt that he and the others had just come from that location.

"What the fuck are we going to do with that Gold?" José Gordo asked, caressing his Colt .45 like a pet cat.

"Did you know he's cutting down all the trees along the ditch?" Pollo said.

"And that's not all, bro," el White added. "He already put those culverts in the ditch, too."

cabrón que era, de una vez Gold comenzó a buscar modos de escapar las leyes. Y por eso se había juntado la plebe—otra vez—a decidir qué hacer ahora.

—Pero, ¿cómo vamos a tener una junta sin el Godfather? —dijo el White, rascándose el estómago.

—Allí viene ahora —reportó el Bennie, mirando por la ventana a una troquita que se arrimaba.

Pero no era el duende juicioso el que entró, sino los desperados del Mafia. Estos cincos hombres, amiguitos desde la juventud, vivían cerca del Arroyo Loco y siempre andaban juntos. Ni uno se había casado todavía aunque el Pollo vivía a ratos con su pollita, la Corrine, sobrina de la Helen.

Entró el Primo (sobrenombre para Primitivo), que siempre usaba un sombrero aceitoso, uno de esos de cuero y ala grande que usan los bandidos en el mono. Luego se apareció el José Gordo en la puerta, hombre grosero que todo el tiempo traiba una risa en la cara y un arma en la bolsa. No era hombre violento, nomás que se sentía más hombre, más macho, con su pistola allí cerca de sus huevos. Antes, la colgaba en su faja, pero ya el Chief Valdez lo había "bosteado" tantas veces que la traía escondida en las olas de manteca que llevaba en su cinta.

Luego entraron "los Lovers", el Butch y el Rocky Vigil. Todos les llamaban "los Lovers" aunque naiden supo la razón—quizás era porque eran cuates y tan parecidos que ni su tía Helen los podía distinguir la mitad del tiempo. El último para pasar por la puerta era, naturalmente, el Pollo, un muchacho que no decía más que "ése vato". Y de una vez comenzó a dar la mano a todos (al estilo Chicano), saludándoles con su "ése vato", en veces sustituyendo "ése guy" para la variedad. Después de este ritual, todo el Mafia se sentó en las últimas silletas allí atrás, contra de la pared.

—¿Dónde está el Godfather? —preguntó el Pollo al Billy, pero ya el Billy andaba en el otro mundo.

—Pues, ¿quién sabe? —respondió el White por su compañero pasado.

—Bueno, no está en la cantina —y según la risada que le dio, no había duda de que ellos habían andado allá.

—¿Qué vamos a hacer con ese pinche Gold? —anunció el José Gordo, acariciando su Colt .45 como si fuera un gatito querido.

—¿Saben que está tirando todos los árboles en la 'cequia? —dijo el Pollo.

"He didn't have the permisson of the ditch commission to do that, did he, Billy?"

"Wha... what?" Billy responded, half-stirring into consciousness.

Helen left her crocheting an instant to shake her head while Billy drifted back into his dull dreams and the Mafia chuckled.

"I think we're going to have to hire ourselves a lawyer," el Peladito said in an attempt to restore some order.

"A lawyer!" exclaimed José Gordo. "What the fuck do we want with another damn crook? I can get rid of Gold."

"How?" el White asked.

"It's a simple enough matter, bro. We'll just give him a little scare and he'll take off running all the way back to Texas. Ain't that right, Primo?"

El Primo, who never said a word because heavy dudes in the movies are always silent (and also because he was invariably stoned on dope), just hauled his hat down over his eyes.

"I wish the Godfather would come," el Peladito said.

He was starting to get worried, What in the hell had happened to the Godfather, he asked himself. He never missed a meeting. It didn't matter whether he was dead tired or sick in bed, the Godfather always made a meeting.

There was something about this crazy Mafia tonight that el Peladito didn't like. They were innocent enough, never doing much greater damage than tossing their Michelob bottles on the pavement when they stopped to take a leak. But el Peladito didn't trust that José Gordo, with his pistol and his poses, with all his goddamned machismo. And when the Mafia got together, loaded to the max like they were tonight, well, just one little mistake and...

"Come on you guys, let's go!" José Gordo shouted. "Let's go teach that little gringo dog a lesson."

"Be careful," Helen said with a commanding glance in her son's direction.

"Wait just a minute," el Peladito begged, "until the Godfather gets here." He knew the Godfather could calm them down.

"No, he's not coming. Don't worry your little heads. We ain't going to hurt the guy—we'll just give him a little scare, that's all. Now, come on, let's go. Primo... Pollo..."

And they left. They filed out in their typical raucous style—after, of course, Pollo shook everybody's hand with his "bueno, bro."

—Y no sólo eso, bro —añadió el White—. También puso esos caños en la 'cequia ya.

—El no tenía el permiso de los comisionados pa' hacer eso, ¿no, Billy?

—¿Qu...qué? —respondió el pobre, despertándose un poquito.

La Helen dejó su croché un momento a sacudir la cabeza mientras que el Bily se cayó otra vez en su sueño profundo y el Mafia daba risotadas.

—Yo creo que vamos a tener que conseguir a un abogado —dijo el Peladito, queriendo restablecer un poco de orden.

—¡Qué abogado ni abogado! —exclamó el José Gordo—. ¿Qué chingados queremos con otro ladrón? Yo sí lo puedo correr de aquí.

—¿Cómo? —le preguntó el White.

—Pues, cosa simple, vato. Nomás le damos una espantadita y ahí se va a huir hasta Texas. ¿Que no, Primo?

El Primo, que nunca decía nada porque los bandidos valientes siempre están callados (y también a causa de andar bien engrifado siempre), nomás se zampó el sombrero.

—El Godfather debería de llegar —dijo el Peladito. Ya le estaba dando ansias a él. ¿Qué demontres ha pasado con él?—pensaba entre sí. El Godfather nunca había faltado a una junta—no importara si anduviera casi muerto de cansado o enfermo en la cama, él siempre iba a las juntas.

Y había algo en este fregado Mafia que no le gustaba esta noche al Peladito. Estaban bastante inocentes, nunca haciendo más daño que tirar sus botellas de Michelob en el camino donde se paraban a mearse. Pero el Peladito no tenía nada de confianza en ese José Gordo con sus disimulos, su pistola y su malvado machismo. Y cuando se juntaban reteborrachos como estaban esta noche, pues, un equivoquito y...

—¡Vámonos, plebe! —gritó el José Gordo—. Vamos a enseñar una lección a ese perrito güero.

—Cuidado —dijo la Helen, con una mirada imperativa en la dirección de su hijo.

—Espérense un ratito, hasta que venga el Godfather —oró el Peladito. El sabía que el Godfather les podía calmar un poco.

—No, no...ya no viene. No se preocupen. No lo vamos a lastimar—nomás espantar un poquito. Vamos. Vamos—Primo, Pollo...

A hush fell over the house. The only sounds were Billy's labored breathing and the incessant clack of Helen's crochet hooks.

"Where is the Godfather?" el Peladito questioned the wall.

A pistol shot rang out in the night.

Y se fueron. Con un barullo se salieron—después de que el Pollo dio la mano a todos, diciendo: "Bueno, bro".

Dejaron la casita de adobe en silencio. No se oyó más que el resuello pesado del Billy y las agujas incesantes de doña Helen.

—¿Dónde está el Godfather? —preguntó el Peladito a la pared.

Afuera disparó una pistola.

The Maid

"If only you could see the poor women in this hospital! They've lost their marbles—crazy, every one of them. And, if you don't believe me, just listen to what happened last night! Lydia grabbed me by the arm, hard, like she was drowning or something. And you know what she said? She told me they wanted to kill her, that I just had to help her. She told me their plan and everything. They were going to push her through the window. Yes! She told me she calmed down a little when they tied her down to her bed, but then she noticed the bed had wheels! She knew they were going to roll her through the window—strapped right there in her bed. Ay! She squeezed my arm so hard she hurt me! I'll guarantee you one thing—that's the last time I'll ever wash the floor so close to her bed.

"It's pretty weird working here in the middle of all these crazies, you know. But, it's a good enough job, I guess. Well, it doesn't pay anything, but I work alone and at the pace I like and, anyway, I'm already used to it. I used to always scrub the floors for my mama, ever since I was a little girl. I was always on my knees, washing the floors.

"You know, María is a lot like my mama—very fragile, too perfect for this world. They've mistreated her so badly that now she just stays in her room all day long. The poor thing doesn't even talk. Oh, I feel so bad for her! But I don't bother her. No, I wait until she leaves her room before I go in to clean. She only goes out for a few minutes in the afternoon, you know. She walks to the window at the end of the hall—silently, just like a saint. She stays there just watching the sunset and then she returns to her room. The same thing, day in and day out—and she never says a word. Well, she's

La criada

—¡Si tú vieras las pobres mujeres en este hospital! Se les han ido las cabras—están locas, pobrecitas. Pues, anoche la Lydia me agarró del brazo como si estuviera 'hogándose. Y me dijo que yo le tenía que ayudar—que la querían matar. Ella me dijo que el plan de ellos era empujarla por la ventana. Cuando la amarraron en su cama, se calmó un poco, dijo, hasta que se dio cuenta que la cama tenía ruedas. Estaba cierta que la iban a rodar por la ventana con ti cama. Ay, ¡cómo me apretó el brazo!—hasta me dolió. Es la última vez que yo voy a lavar el suelo cerca de su cama—eso te puedo garantizar.

—Es extraño trabajar aquí entre estas locas, pero es buen jalecito. Bueno—no paga nada, pero trabajo solita, al paso que me gusta, y ya estoy acostumbrada. Yo siempre lavaba los suelos para mi mamá, desde muy chiquita—todo el tiempo lavaba suelos.

—Sabes que la María es como mi mamá—muy delicada, muy perfecta para el mundo. La han maltratado tanto que se queda todo el día en su cuarto. Ni habla la pobre. ¡Cómo me da lástima con ella! Pero no la molesto. Me aguardo hasta que sale de su cuarto para limpiarlo. Nomás en las tardes sale por un rato. Camina a la ventana en la orilla del corredor—en silencio, como una santa. Se queda allí nomás mirando al sol meterse. Luego se vuelve a su cuartito. Todos los días hace lo mismo—y nunca dice ninguna palabra. Bueno, es muy perfecta para el mundo, como mi mamá—pero no empuerca nada. Es murre fácil limpiar su cuarto.

—La que sí es trabajosa es esa fregada de la Prescilla. ¡Ay, cómo deja su cuarto! Ropa por 'onde quiera, jarros de soda en el suelo. ¡Muy bárbara ella! Yo creo que tira todo porque sabe que yo lo tengo que pepenar—¡la cabrona! Y luego ni me quiere dejar entrar

just too perfect for this world, you know—just like Mama. One thing, though, is she never messes up her room. It's easy to clean.

"Now the one who's bad is that damned Prescilla. Ay, the way she leaves her room! Clothes everywhere, soda cans on the floor! And she throws everything on purpose, just because she knows I've got to pick it up, the bitch! And then she won't even let me come into her room to clean. She kicks me out and yells at me—mean, just like Mama. I don't know why. She's not doing anything in there anyway, just combing her hair in front of the mirror. What for? Who's going to see her here? But I'll tell you, she really likes the attention. And she doesn't wear a hospital robe either—not Prescilla! Oh no, she wears dresses—and the wildest colors too! If you could only see her! She loves red. It's her favorite color, you know.

"But what a bitch! She's never satisfied, all she ever does is complain. She doesn't like the way they fix her eggs in the morning—they're too hard, she says. And then she asks: 'Where's the damned chile?' Really! And do you know what she does? She sends them back. That's right—she sends them back, just like she was having breakfast at the Hilton! And then she gets tired of waiting for her new eggs, so she starts helping herself to the food on everyone else's plates. I mean, how low can you get? Why, just the other day she started a fight with Ruth because she stole a piece of toast from her.

"But Ruth deserved it. That pig! She's a very bad girl. Ruth doesn't do anything all day long. She doesn't take a bath. She doesn't even comb her hair. You ought to see her hair! It's like a rat's nest, I'll tell you. I don't even go into her room to clean—I'm afraid I'll get some kind of disease. What a pig! You know, she doesn't even wear a bra. And you better believe she's got a pair of big ones—they hang there like tits on a cow! Do you know what Prescilla told her one day? She just looked at her and said: 'Why don't you throw those big tits of yours up over your shoulders and stick them in your back pockets? And then sit on 'em!'

"Ay, you should have seen how they got into it that time! Kicking, pulling hair! The nurses don't even let them get close to each other anymore. And I'll tell you one thing—that's a blessing for Ruth. Prescilla might be skinny, but she's strong. She could beat up Ruth, but good!

"And Ruth deserves it, too. She's a very bad girl. She's sinned. I know. I saw her—I saw when that male nurse walked up and Ruth opened the buttons on her blouse. Showing him everything! And I

a su cuarto a limpiar. Me corre con una voz muy dura—como la de mi mamá. Pues—ella no está haciendo nada adentro. Nomás peinándose delante del espejo. Yo no sé por qué. ¿Quién la va a ver? Pero le gusta llamar la atención. Prescilla no usa la ropa del hospital—¡oh no! Ella se pone túnicos de unos colores más escandalosos—¡si tú la vieras! Le gusta el colorado mucho—es su color favorito.

—Pero, ¡qué mujer tan rezongona! Ella nunca está satisfecha. No le gusta como vienen los blanquillos en la mañana—están muy duros, dice—y, ¿dónde está el chile? ¿Y sabes qué hace ella? Los manda pa'trás. Sí—los *manda pa'trás*. ¡Cómo si estuviera en el Hilton! Y luego si se cansa de esperar los "nuevos", pues comienza a agarrar comida de los platos de las otras. ¡Qué bajeza! ¿No? El otro día hasta empezó una pelea con la Ruth cuando le robó un pedazo de pan tostado.

—Pero la Ruth sí lo merecía. ¡Esa cochina! Es una muchacha muy mala. No hace nada en todo el día. No se baña—nunca se peina. ¡Si tú vieras ese cabello! Pues, es un nido de ratones. Yo ni entro en su cuarto a limpiar. Tengo miedo que se me prenda una enfermedad. ¡Qué cochina! Ni usa brassiere. Y yo te digo—las tiene muy grandotas. Le cuelgan ahí como chiches de vaca. ¿Sabes qué le dijo un día la Prescilla? La miró y le dijo: "¿Por qué no te tiras esas chiches sobre tus hombros y te las metes allí en las bolsas de atrás? ¡Y luego siéntate en ellas!"

—Ay, ¡cómo le entraron entonces!—jalando cabello, dando patadas. Ya los enfermeros no las dejan juntarse—que resulta ser mejor para la Ruth. La Prescilla es flaquita, pero es muy fuerte. Ella sí le pudiera dar una friega a la Ruth.

—Pero la Ruth lo mereciera, te digo. Es una muchacha muy mala. Ella ha pecado. Yo sé. Yo la vide—yo la vide cuando el enfermero vino y ella abrió los botones de su blusa. ¡Enseñándole todo! Yo los vide yendo para el cuarto allí en la orilla del corredor— allí donde guardan mis garras y jabón. Yo los seguí y escuché en la puerta, y oí el ruido que hicieron—el ruidazo como animales. ¡Oh!—¡cómo me dieron ganas de mirar!—de estar adentro—allí adentro—con él—adentro.

—¡No! No—lo tengo que borrar. Lo tengo que lavar. Mamá dijo. Tengo que hincarme a lavar las manchas. He sido una muchacha muy mala. Mamá sabe. Tengo que lavar—lavar las manchas. Allí en el suelo donde la sangre goteó. He pecado. He sido una muchacha muy mala. Mamá sabe. No puedo dormir. Tengo que levantarme—

saw them go to the room at the end of the hall, the room where they keep my soap and rags. I followed them and I listened at the door. I heard the sounds they made—all that noise like animals. Oh, how I wanted to see too! To be there inside—inside—with him—inside.

"No! No, I've got to clean it. I've got to scrub it. Mama said so. I have to get on my knees and scour out the stains. I've been a very bad girl. Mama knows. I've got to wash—scrub out the stains. There on the floor where the blood dripped. I've sinned. I've been a very bad girl. Mama knows. I can't sleep. I have to get up—clean the floor—scrub out the stains. Mama's coming tomorrow— Mama's going to come. She can't find this blood, this blood here on the floor. Mama knows. I've been a very bad girl. I've sinned. I bled in the bed, I bled...."

"Okay, Ruth. Let's have your rag. It's late and we've got to go to bed," said the nurse to the mute girl, the girl kneeling in her red dress, "washing" the floor with a dry rag.

"Come on, Ruth," he said, "let's take our medicine now. And don't try to fight like you did last night or we'll have to tie you to your bed again. Do you understand me?"

lavar el suelo—borrar las manchas. Mamá llega mañana—mamá llegará. No puede hallar esta sangre, esta sangre en el suelo. Mamá sabe. He sido una muchacha muy mala. He pecado. Me sangré en la cama. Me sangré...

—Bueno, Ruth. Dame tu garra. Ya es tardecito, y tenemos que acostarnos —dijo el enfermero a la muchacha muda, la muchacha hincada en su túnico rojo "lavando" el suelo con una garra seca.

—Andale, Ruth —dijo él—, vamos a tomar nuestra medicina. Y no vayas a pelear como anoche, o te vamos a amarrar en tu cama otra vez. ¿Me entiendes?

Conversations

1

THE VALIANT TIO SAM

"Grandma," I said, entering the kitchen and sitting down at the table, "how old were you when your mother died?"

"Me?" she replied, setting the table. "Well, my mother died in '23. I was sixteen, I guess."

"How did she die?"

"In childbirth, m'hijo. There were no doctors in those days and if things got bad for the mother, well, we did what little that we could. And that particular time even the midwife wasn't there because she was sick at home. There were complications and my mother died several days afterwards. Ay, how my poor mother suffered! And the baby died too—it didn't even make it through the night. Ay, m'hijo, you don't know what it used to be like in those days, the trials we went through!" she said, flipping a tortilla on the pan.

"Your father, he was still alive then, wasn't he?"

"Oh yes, m'hijo, but he had to work. He worked in Colorado, in the mines. And I had to become the mother—well, there wasn't anybody else. And I took care of the children until I got married. Even then, your grandfather and I raised my brother Francisco and my sister Rita at home like our own children. That's why Cisco still loves me so much—he was like my own son."

"Didn't you tell me once that you also took care of your grandmother?"

"Yes. When my grandfather passed away, she came to live with us. Then my mother died and I continued watching after my grandmother. But by then she was very sick, the poor woman. How

Conversaciones

1

EL VALIENTE TIO SAM

—Abuela —dije, entrando en la cocina y sentándome en la mesa—. ¿Qué edad tenía cuando se murió su mamá?

—¿Yo? —respondió, poniendo los trastes en la mesa—. Bueno, mi mamá se murió en el veintitrés. Yo tenía dieciséis años, creo.

—Y, ¿cómo se murió ella?

—En el parto, m'hijo. No había doctores en esos días y si se ponía duro para la mujer, pues hacíamos lo poco que podíamos. Y en esa ocasión, no andaba la partera ya que se había caído enferma. Hubo complicaciones y se murió mi mamá varios días después. Ay, ¡cómo sufrió mi pobre mamá! Y se murió el niño también— pronto—no duró ni una noche. ¡Ay, m'hijo! Tú no sabes como era en aquel tiempo—¡los trabajos que pasábamos! —dijo, volteando una tortilla en el comal.

—Su papá, él estaba vivo todavía, ¿que no?

—Oh sí, m'hijo, pero él tenía que trabajar. Trabajaba ahí en Colora'o en las minas. Yo me quedé como la mamá—pues, no había más—y cuidé a los niños hasta que ya me casé. Y entonces yo y tu abuelo criamos a mi hermano Francisco y la Rita en casa como nuestros hijitos. Por eso todavía me quiere tanto el Cisco— pues, es como mi propio hijo.

—¿Que no me ha dicho que también cuidó a su abuela?

—Sí, cuando mi abuelo se murió, ella vino a vivir con nosotros. Y luego cuando mi mamá se murió yo seguí cuidándola a ella. Pero ya estaba muy enfermita, pobrecita. ¡Cómo pasó dolores! Yo le cuidaba con tanto cariño porque ella me había tratado tan bien a mí

she suffered! I treated her with a lot of love and care because she had been so good to me when I was a little girl. Later on, she died too, but she went through so much pain, just like my mother."

"What did she die of, Grandma?"

"Well, I don't really know. In those days, we didn't have doctors or hospitals. 'He got a pain in the stomach and died', we used to say then. But I think my grandmother had cancer. Well, she had to endure so much pain, you know. Sometimes it got so bad she couldn't help but cry out, my poor grandma. But I have wonderful memories of her even today, old as I am. I still remember how she used to always dress in a long, black dress. All the time smiling. And talking—ooh, she used to talk non-stop. And always with her sayings. She used to have a saying for everything. And me—stupid as I was—I didn't pay enough attention then to learn them. Oh, I know a few, but I've lost so much of what she knew.

"She used to sing too, hijito. She was always singing. I recall how she used to sit on the doorstep and sing 'la Indita.' She'd clap her hands and I'd dance 'Indian.' Let's see if I can remember how it went."

And Grandma rolled her eyes upwards, searching in her memory for the old verse while she removed a scorched tortilla from the stove.

> The Indians of San Juan
> Ask for bread and get nothing instead.
> Though it's cheese they need,
> Bones are all they receive . . .

"And then, what?" she paused to reflect. "Oh—'So they weep and howl . . . at the gates of the corral.' Then?" But Grandma could remember no more words and finally gave up when the smell of a burning tortilla reached her nose.

"Oh no, a burned one. Well, you can take it home to your mother," she said, referring to my mother's preference for blackened tortillas.

"She used to like that song so much, you know, because her father was a Navajo."

"Your grandfather was Navajo?"

"My great-grandfather, yes, hijito. Haven't I ever told you? He was a slave they stole from the Navajos when he was very young. He grew up here speaking Spanish just like us."

"I didn't know they used to steal Indians as slaves."

cuando era muchachita. Luego se murió, pero sufrió mucho antes de morirse ella también, lo mismo como su hija.

—¿De qué se murió, abuela?

—No sé, hijito. Como te dije—en aquellos días no había doctores ni hospitales. "Le dio un torzón en la panza y se murió"— dijimos entonces. Pero yo creo que tenía cáncer porque sufría tanto dolor. En veces le pegaba tan fuerte que tenía que soltarse llorando, pobrecita, mi abuelita. Pero qué buenas memorias tengo de ella— todavía con tantos años que tengo. Yo me acuerdo que siempre se vestía en un túnico largo y negro. Todo el tiempo sonriéndose. Y platicando—ooh, era un chorro de plática con ella. Y todo el tiempo con los refranes. Ella tenía un dicho para todo. Y yo, la tonta, no me fijé suficiente para poder aprenderlos. Oh, sí, sé algunos, pero he perdido tanto de lo que sabía ella.

—También cantaba, hijito. Estaba todo el tiempo cantando. Todavía me acuerdo como ella se sentaba en el "stepe" de la puerta a cantarme "la Indita". Ella traqueaba las manos con el tiempo y yo bailaba indio. A ver si me acuerdo como iba.

Y mi abuela volteó los ojos pa'rriba, buscando en su memoria las palabras antiguas, mientras que quitó otra tortilla chamuscada de la estufa.

> Las Inditas de San Juan
> Piden pan y no les dan
> Piden queso y les dan un hueso...

—Luego, ¿qué? —y se paró a pensar—. Oh, "se sientan a llorar... en las trancas del corral". Y, ¿luego? —pero ya abuela no pudo acordar más y al rato dejó el esfuerzo cuando el olor de una tortilla quemada le llegó a las narices.

—Ay, una quemadita. Bueno, la llevas pa' tu mamá —dijo, refiriendo al gusto que mi mamá tenía para las tortillas ennegrecidas.

—Le gustaba esa canción mucho, sabes, porque su papá era un Navajó.

—¿Su abuelo de usted era un indio?

—Mi bisabuelo, sí, 'jito—¿que no te he platicado? El fue un esclavo que se lo robaron ende muy chiquito. Se crió aquí entre nosotros y creció hablando mexicano lo mismo que nosotros.

—Yo no sabía que la gente de antes robaba indios.

—Oh sí, y también los Navajoses robaban muchachos de aquí. Y los ponían a trabajar en la casa y el rancho. El tío de mi compadre

"Oh, yes, and the Navajos used to rob children from us, too. Then they'd put them to work in the house and on the land. My compadre Facundo's uncle was one of our people who was stolen by the Indians, except he escaped from them years later and returned home. My compadre used to say that his uncle came back speaking pure Indian, that he had forgotten how to talk in Spanish. Well, they had gotten him as a child and by the time he got back he was already a grown man.

"Ah, but how my grandmother used to like to sing! She used to always make me sing that song about 'Tío Sam' that I learned at school. That was in the days when I still went to school. I have very little school, hijito. I had to quit in third grade because my mother needed me at the house—you know, washing clothes, making dinner, taking care of the babies. The little bit of reading I know I had to learn on my own later on, but the story is that I was still in school and we used to have a contest once a year to see which school had the best singers—Coyote, Cañones, Gallina, or Youngesville. Since it was during the war, they taught us a song called 'The Valiant Tío Sam.' And I remember our group won first place with that song."

"How did the song go, Grandma? Do you remember?"

"Well, let's see. Let's see if I can remember."

And she sang:

> If it's war that Germany wants
> That's just what she'll receive,
> As we bravely cross her borders
> With a cry of victory—
> Gallantly waving the flag
> Of the valiant Tío Sam.

"Great!" I exclaimed, laughing and tearing off a piece of tortilla.

"And I remember that each one of us had a little flag in our hands that we'd wave as we sang."

And I laughed even harder, imagining the group of kids singing in total innocence to an "Uncle" none of them had ever known, waving their "three-colored banners of stars and stripes" in complete abandon.

"Listen, hijito, are you sure you wouldn't like me to open a can of meat? It's very good, you know," Grandma said as she placed the bowl of beans, the potatoes and the chile on the table.

Facundo fue uno que se lo robaron los indios, nomás que él se escapó de allí después de muchos años y vino pa'trás. Mi compadre me decía que su tío vino hablando puro indio—que ya casi se había olvidado como hablar en español. Bueno, lo habían agarrado de muchacho y no volvió hasta que ya era hombre.

—Pero, cómo le gustaba cantar a mi abuelita. Todo el tiempo me hacía cantar esa canción del "Tío Sam" que aprendí en la escuela. Eso fue en los días cuando yo todavía iba a la escuela. Yo tengo muy poca escuela, hijito. Tuve que salirme en el libro tres porque mi mamá me ocupaba en la casa—lavando ropa, haciendo de cenar, cuidando los muchachos. Lo poco que sé de leer casi aprendí sola después, pero el cuento es que yo estuve todavía en la escuela, y nosotros teníamos una competición una vez al año con las otras escuelitas por ahí—Cañones, Gallina y Youngesville—a ver cuál escuela tenía los mejores cantadores. Como era en el tiempo de la Guerra, a nosotros nos enseñaron una canción que se llamaba "El valiente Tío Sam". Y yo me acuerdo que nuestro grupo ganó el premio con esa canción.

—¿Cómo era la canción, abuela? ¿No se acuerda?

—A ver, a ver si la puedo sacar.

Y comenzó a cantar:

> Si Alemania quiere guerra
> Se la tendremos que dar
> Esperando que a su tierra
> Valientes hemos de entrar
> Revolteando la bandera
> Del valiente Tío Sam

—¡Qué curioso! —exclamé yo, riéndome, mientras que rajaba una tortilla.

—Y también me acuerdo que cada uno de nosotros traiba una bandera en las manos que movíamos cuando cantamos.

Y me dio hasta más fuerte risa, imaginando el grupo de chamacos cantando con toda inocencia de un "Tío" que nunca habían conocido, agitando su bandera de "estrellas y listas tricolor" en un abandonamiento completo.

—Oyes, hijito, ¿no quieres que te abra un jarrito de carnita? Es muy buena —dijo mi abuela, poniendo la olla de frijoles, las papas y el chile en la mesa.

—No abuela. Ya esto es mucha comida. Aquí tenemos muy suficiente para comer.

"No, Grandma. This is plenty of food. We've got more than enough here."

"All right," she said, finally sitting down to eat, after opening a can of chorizo sausages.

2

THE WITCH

"Now, I don't know how much of this is true. I don't really like to talk about witchcraft. But I'm going to tell you anyway, because this is something I saw with my own eyes. I don't like to talk about Dolores either, because she was my brother's wife. My poor brother, what troubles he went through over that woman!"

"But, why did the people call her a witch, Grandma?" I repeated my question.

"Well, it wasn't her life so much as how she died. I still remember what her sister, Agapita, told me after Dolores died. 'I'm very afraid,' she told me. 'I'm afraid my sister's in hell.'"

"Why did she say that, Grandma?"

"That's exactly what I asked her, hijo. She told me she had found some things of the devil in Dolores' house and she took me there to show me."

"What were they?"

"Well, Agapita had been cleaning Dolores' house after the funeral when she found a letter. The letter was from their first cousin in Taos and it contained instructions on how to take care of the piedra imán."

"Piedra imán? What was that?"

"That's the stone that witches get their power from, hijo. The only thing is that you have to care for it in a certain way and you have to feed it. I don't remember all the things they were supposed to give the stone, but Agapita showed me the letter with all the directions. The only thing I can recall is that you were supposed to give it coral for love. I remember, too, that the rock would consume cilantro and needles, but I don't remember what they were for. Money was one of the things—riches, but I can't remember now which thing fit which. Oh, and they also had to bury the stone outside the house in certain positions on certain days, and all those things they had to give the stone, well, they were supposed to do it

—Bueno —dijo, sentándose a comer, después de abrir un jarro de chorizo.

2

LA BRUJA

—Bueno, yo no sé qué tanto de esto sería verdad. No me gusta hablar de la brujería. Pero yo te lo voy a platicar porque una parte vide yo con mis propios ojos. Tampoco me gusta hablar de la Dolores porque fue la esposa de mi hermanito. Pobrecito, ¡cómo sufrió a causa de ella!

—Pero, ¿por qué la plebe le llamaba bruja, abuela? —dije, repitiendo mi pregunta.

—Pues, no fue su vida tanto. Era el modo en que se murió. Todavía me acuerdo lo que la Agapita, su hermana de ella, me dijo a mí después de su muerte. "Tengo mucha pena", me dijo, "tengo miedo que mi hermana esté en el infierno".

—¿Por qué dijo eso, abuela?

—Así mero le pregunté a ella, hijo. Me dijo que había hallado unas cosas del diablo en la casa de la Dolores, y me llevó a enseñármelas.

—¿Qué eran?

—Pues, la Agapita estaba limpiando la casa de la Dolores después del funeral cuando halló una carta. Esta carta era de su prima hermana en Taos y tenía instrucciones para el cuidado de la piedra imán.

—¿Piedra imán? ¿Qué era eso?

—Es la piedra de donde las brujas sacan su poder, hijo. Nomás que la tienen que cuidar de un cierto modo y la tienen que asistir. Ya no me acuerdo de todas las cosas que debían echarle a la piedra, pero la Agapita me enseñó la carta con las instrucciones. Nomás me acuerdo que decía que tenían que darle coral para los amores. También me acuerdo que la piedra comía cilantro y agujas, pero no me acuerdo para qué sirvieron. Dinero fue una de las cosas—riquezas—pero ya no me acuerdo qué cosa pertenecía a cuál. Luego tenían que tener la piedra enterrada afuera de la casa en ciertas posiciones en ciertos días, y las cosas que le tenían que

only on such-and-such a day. Oh, it was all very complicated, but how that letter scared me!"

"Did it work? I mean was Dolores rich? Did she have a lot of lovers?"

"Oh, yes, that's why she left my brother. She had so many boyfriends. And she wasn't really so pretty, you know. She never lacked money either because she threw it away all the time. Particularly on clothes. There wasn't a woman better dressed than her at the dances. But what scared me the most was what the letter said at the end."

"What was that?"

"It said that the owner of the stone had to be extremely careful not to lose it. Because if it was lost, or if somebody stole it, then the owner of the stone would rot."

"Rot? And she...?"

"Yes, hijo. I wouldn't even tell you this if I hadn't seen it myself. She was fine, healthy and all, and then, all of a sudden, she got sick. Before two days had passed, she was dead. The day she died, that same night, I went to see her. You're not going to believe me, hijo, but she was already black and swollen. I can hardly believe it myself, and I saw it. And—God forgive me—but by the next day she had swollen up so much that her flesh had opened and blood and fluid was running out. They had to bury her immediately because she smelled so terrible and it wasn't even warm at the time. Can you believe that, hijo? Well, when I saw that letter after I had witnessed the way that woman died, my blood just froze. And then Agapita showed me a small sack she had found beneath the headboard of Dolores' bed."

"What was in it, Grandma?"

"I'd rather not tell you. Would you like some more beans?"

"No, no Grandma. I'm full. But tell me. What was in that package?"

"Bones, hijo."

"Bones? What kind of bones?"

"Baby bones, m'hijo. Baby bones."

echar, también las debían echar tal y tal día. Oh, era muy complicado pero, ¡cómo me espanté con esa carta!

—Y, ¿trabajó? Quiero decir, ¿era rica ella? ¿Tenía muchos amores?

—Oh sí. Por eso dejó a mi hermanito. Tenía tantos novios. Y no era ni tan bonita, sabes. Tampoco nunca le faltaba el dinero para gastar, porque sí lo tiraba. Particularmente en vestidos. No había una mujer que fuera a los bailes mejor vestida que ella. Pero lo que me espantó más a mí fue lo que la carta dijo al último.

—¿Qué dijo?

—Dijo que la dueña de la piedra tenía que tener mucho cuidado de que no la perdiera. Porque si la perdía uno o si se la robaba alguien, entonces la dueña se pudría.

—¿Sí? ¿Y ella...?

—Sí, hijo. No te lo dijiera si yo mismo no lo hubiera visto. Estaba sana y luego se enfermó de repente. Al cabo de dos días, ya estaba muerta. El día que se murió—esa misma noche yo fui a verla, y no sé si me vayas a creer, hijo—pero ya estaba hinchada y negra. Casi no lo creo yo, pero yo sí la vide. Y, Dios me perdone, pero pa'l otro día ya se había hinchado tanto que la carne estaba reventándose y le estaba saliendo agua y sangre. La tuvieron que enterrar pronto porque ya estaba apestando tan fiero y no era ni en el tiempo caliente—¡fíjate, hijo! Bueno, cuando yo vide la carta después de ver como se había muerto se me heló la sangre. Luego la Agapita también me enseñó un saquito que había hallado abajo de la cabecera de su cama.

—¿Qué tenía, abuela?

—Casi no te quisiera decir. ¿Que no quieres más frijoles?

—No, no abuela. Ya llené. Pero platíqueme—¿qué estaba en el paquete?

—Huesitos, hijo.

—¿Huesitos? Como, ¿qué clase de huesitos?

—De niño, m'hijo. Huesitos de niño.

3

I LEFT WITH COCHE

"Grandma," I said, after we had finished lunch and sat down in the living room, "that wedding picture, the one with the man with the white gloves—is that you and Grandpa?"

"Yes, mi lindo, that's us on our wedding day. So you like those gloves, huh?"

"Sure. Listen, Grandma, didn't they have to ask for the hand of the woman to get married in those days?"

"Oh yes, hijito. It was very different then. You didn't just hitch up with your boyfriend and take off. Oh no, there were a lot of rules, you know. When you were ready to get married, your fiancé's parents had to come to your house to ask your parents for your hand. Sometimes they'd even send a letter first—all very formal. I still have the letter asking for my hand.

"But it was so different then, hijo. Your parents would decide everything. The poor couple had no rights at all. If your parents decided you were going to marry, well, you got married. And you couldn't start in with: 'But he's so old!' or 'He's too ugly!' Oh no! They used to marry us off very young then, too. Not me, because I still had to take care of the house and the family. But I remember Amalia—she was just a baby when they married her. I don't think she was more than twelve years old. I used to play with her when I was little and I remember we'd be out there playing with the dolls and her mother would shout: 'Your husband will be home soon, Lala!' And she'd have to leave her doll and go into the house to make dinner for her husband.

"And then there was Susana. She didn't even know her husband before she got married."

"No?"

"Oh no, hijito. It wasn't unusual for a girl not to meet her husband until her wedding day. But what happened with Susana was that the week before the wedding, they were bringing the load of wood to her house. In those days, you know, the groom had to bring a load of wood to the bride's house before the wedding and it had to be good wood too, not just a bunch of branches. Well, it so happened that Susana saw her groom piling the wood up in front of the house. She got very excited—he was good-looking, light-skinned and everything. The only problem was that he wasn't her

3

ME FUI CON COCHE

—Abuela —le dije, cuando nos habíamos sentado en la sala, después de acabar el almuerzo—, ese retrato de casorio, con el hombre con los guantes blancos—¿no son usted y mi abuelo?

—Sí, mi lindo, esos somos nosotros, en el día de mi casorio. ¿Que te gustan los guantes, eh?

—Pues, sí. Oiga, abuela, ¿que no tenían que pedir la mano de la novia en esos días?

—Oh sí, hijito. Era muy diferente entonces. Uno no se juntaba con su novio y ahí nos vamos. No—había muchas reglas, tú sabes. Cuando ya te ibas a casar, tenían que venir los padres de tu novio a la casa a pedirte de tus papaces. Hasta mandaban una carta primero en veces, muy formal todo. Yo todavía tengo la carta pidiéndome que mandaron.

—Pero era muy diferente entonces, hijo. Los padres decidían todo. Los pobres novios no tenían ningún derecho de nada. Cuando tus papaces decidieron que te ibas a casar, pues ahí te casates. No podías empezar con "pero es muy viejo", o "él es muy fiero"—¡oh no! Y nos casaban muy temprano también. Yo no, porque todavía tenía la familia en la casa para cuidar. Pero yo me acuerdo de mana Amalia. Ella fue una niña cuando la casaron. Yo creo que no tenía más que doce años. Y me acuerdo que allí estábamos afuera jugando juntas con las muñecas cuando su mamá le gritaba: "¡Ya mero llega tu esposo, Lala!" Y ella tenía que dejar la muñeca y entrar a la casa a hacer de cenar para su hombre.

—Luego había mana Susana. Ella ni conoció a su novio antes de casarse con él.

—¿No?

—Oh no, 'jito. Muchas veces las muchachas no conocían al novio hasta el día del casorio. Pero el cuento es que la semana antes, cuando estaban trayendo el carro de leña a la casa de su papá—porque el novio tenía que traer un carro de leña antes del casorio, y no nomás charangas pero buena leña—pues, la Susana vido al novio apilando la leña adelante de la casa y se excitó. Era blanco, y muy lindo. Nomás que ella no sabía que ese no era el novio. Era el hermano de él. Pues, en el día del prendorio, aquí viene el novio y resulta que es muy feo—muy negro, sabes.

—¿Qué era ese pren...? ¿Cómo?

fiancé. He was his brother. So, on the day of the 'prendorio,' the real groom walked in and he was ugly, dark and ugly."

"What's that, pren...?"

"Prendorio, hijo. That was like a party that the bride's family had to prepare for the groom's relatives. That was when the groom would give his presents to the bride. The groom and his family would arrive at the house with the trunk. That trunk there is the same one they gave me then, you know. The maid of honor would give the key of the trunk to the bride and then the bride would give it back to her. Then the maid of honor would open the trunk and take out the things one by one to show to everyone."

"Did you get a lot of things in your trunk?"

"Oh yes. They gave me two... three dresses, and scissors, pins—oh, all kinds of things. Then the families would form two lines on both sides of the room and the groom had to pass down the bride's line and the bride down the groom's. They would embrace each member of their new family until they came to the end. I remember they used to say, 'This is your uncle—this is your sister-in-law'—like that."

"What a nice custom! That way you'd get to know your relatives right away."

"Yes, except that a lot of times you'd already know almost everybody. It was a small place, you know. But, we'd always do it anyway."

"It would be nice to have that kind of wedding nowadays."

"Yes, jito, except I think it's better the way it is now, that the girl is free to choose the husband she wants."

"Oh yes, of course. Listen, would everyone in those days accept that business of allowing the parents to choose the husband? Wasn't there anybody who'd say: 'Not me! I'm going to marry whoever I want!'?"

"Not really, hijito, not too many did things like that. You've got to remember—those were other times. Whatever your father said, that was law. Well, there might have been a few girls who didn't obey their parents, but they were very few. Up in Coyote, there was only one I knew of."

"Who was that?"

"My cousin Marcelina, the stutterer. She was my uncle Felix's daughter. He was my father's brother, you know."

"And what happened? What did she do?"

—Prendorio, hijo. Eso era como una fiesta que la gente de la novia tenía que hacer en su casa para la familia del novio. Era cuando el novio entregaba las donas a la novia. Y el novio y toda su familia llegaba en tu casa con la petaquilla—esa petaquilla que tengo ahora es todavía la misma que me dieron entonces, sabes. Y la madrina le daba la llave de la petaquilla a la novia y luego la novia le daba la llave pa'trás a ella. Entonces la madrina abría la petaquilla y sacaba las cosas una por una para que las miraran todos.

—¿Agarró muchas cosas usted?

—Oh sí. Me dieron dos... tres túnicos, y tijeras, alfileras—oh, muchas cosas. Y luego las familias formaban dos líneas en los lados del cuarto y el novio tenía que pasar por la línea de la familia de su novia, y la novia por la del novio, conociendo a su nueva familia, abrazando a cada uno hasta que llegaban a la orilla. Yo me acuerdo que decían: "Este es tu tío", "Esta es tu cuñada" y por ahí.

—¡Qué costumbre tan bonita! Así uno sí conociera a todos los parientes.

—Sí, nomás que muchas veces, como el lugar era tan chiquito, ya casi todos se conocían. Pero lo hacía uno siempre.

—¡Qué lindo fuera hacer los casorios hoy en día como los que hacían ustedes entonces!

—Sí 'jito, nomás que yo digo que es mucho mejor que ahora una muchacha está libre de escoger el novio que quiere.

—Oh sí, cierto que sí. Oiga, ¿aceptaban todos ese negocio de dejarles a los papaces escoger el novio? ¿Que no había naiden que dijiera: "Yo no—yo me voy a casar con él que me dé la buena gana"?

—Muy pocos, murre pocos, hijito. Esos eran otros tiempos, acúerdate. Lo que te decía tu papá, eso era la ley. Bueno, fácil que algunas muchachas no obedecían a sus papaces, pero esas eran muy pocas. Allí en Coyote no había más que una que yo conociera.

—¿Quién fue esa?

—Mi prima Marcelina, la tartamuda. Ella era hija de mi tío Félix, el hermano de mi papá.

—¿Qué pasó? ¿Qué hizo ella?

—Bueno, la Marcelina tenía un novio que se llamaba José María y lo quería mucho. Pero, por alguna razón, sus papaces arreglaron de que se casara con un viudo de ahí por Arroyo de Agua—rico pero ya muy viejo y acabado. Bueno, protestaba y protestaba la pobre muchacha, pero nada. Su papá estaba aferrado de que se casara con este viudito. Pues, en aquellos tiempos tenían la

"Well, Marcelina had a boyfriend named José María. She was very taken with him—really in love. But, for some reason, Marcelina's parents arranged for her to get married to a widower from Arroyo de Agua. He was rich, but he was also very old and all worn-out. Marcelina protested and protested, but it was no good. Her father was determined that she would marry this widower. Now, in those days they used to have a custom called the 'impediment.' I don't know if there's such a thing today—I don't think so. But the point is that the priest got to that part of the service where he asked all the people congregated in the church whether there was any 'impediment.' Well, José María immediately stood up and said yes, that he knew a good reason why this couple should not be married. But the priest just ignored him and married the couple anyway.

"At the party afterwards, everybody was talking about how José María had spoken up at the wedding. Not even the oldest folks there could remember anyone ever raising an 'impediment.' It seemed, though, that Marcelina had resigned herself to the marriage. She seemed happy and danced all night like a top. But when the dance had finally ended and everybody was getting ready to go home, well, Marcelina was nowhere to be found. She had run away with José María and left her new husband at the dance."

"Really? How strange!"

"Yes, it was. And she didn't even ask for a divorce later. She just started living with José María. Cousin Marcelina was very brave for those times. It wasn't like in today's world where no one even knows what a church looks like anymore and all the couples just run off together like rabbits."

"Did they run away to some other place?"

"Oh no. They lived right there in Coyote, and even the sister of the poor jilted widower went to Marcelina's house to try to talk her into returning to her legal husband. They say the sister asked Marcelina what had really happened that night and she replied: 'All night I danced in white dress and then I left with Coché.' The poor woman had trouble pronouncing her words and that's how she used to say José—Coché. They say that when the sister insisted it was Marcelina's obligation to live with her proper husband, she replied: 'Oh, let the devil take him—and on a good horse too!'

"But poor Marcelina. It turned out that her Coché was good for nothing. He was so lazy, you just can't imagine. Well, Marcelina had to do everything so they could live. He wouldn't lift a hand—nothing. I remember once she stopped to visit at the house after

costumbre de preguntar si había un impedimento. No sé si habrá tal cosa hoy en día o no—yo creo que no. Pero el cuento es que el padre llegó a ese punto en la ceremonia y le preguntó a toda la plebe en la iglesia si había un impedimento. Pues, de una vez se paró el José María y dijo que sí, que él sí sabía una razón por qué estos dos no podían casarse. Pero el padre no le puso nada atención y los casó de todos modos.

—Luego en el fandango después, todos estaban platicando de como el José María había hablado en la ceremonia. Hasta los viejos más viejitos no podían acordar de naiden que había levantado un impedimento nunca. Parecía que la Marcelina se había conformado un poco, porque bailaba como una "barreta" (como decía mi abuelita). Nomás que ya al último del baile cuando todos se estaban yendo pa' la casa, ya la Marcelina no andaba ahí. Ella se había huido con el José María y dejó a su marido nuevo en el baile.

—¿Sí? ¡Qué curioso!

—Pues, sí. Y no sacó divorcio ni nada—nomás comenzó a vivir con el otro. Prima Marcelina fue muy valiente para aquellos tiempos. No era como ahora que la plebe ni conoce a una iglesia y las parejas se juntan como conejos.

—¿Se huyeron para otro lugar ellos?

—Oh no. Allí en Coyote vivieron y hasta la hermana del pobre viudo fue a la casa de la Marcelina a aconsejarla de que volviera con él. Isque la hermana le preguntó qué había pasado y la Marcelina dijo: "Toda la nochi bailé con tunco blanco y logo me fui con Coché". Era tartamuda la pobre y así le decía al José—el Coché. Y decían que cuando la hermana del viudo insistía que era su deber vivir con su marido propio, mi prima dijo: "Oh, ¡que lo lleve el diablo, y que lo lleve en buen caballo!"

—Pero, pobrecita mi prima Marcelina. Resultó que su Coché no servía pa' nada. Era un hombre tan flojo que tú no tienes idea. Pues, ella tuvo que hacer todo pa' hacer la vida, pobrecita. El no hacía nada. Yo me acuerdo que una vez llegó ella del trabajo ahí en casa a visitar. Al rato se levantó y montó su caballo, diciendo: "'Hora tengo que irme a hacer de cenar al 'Cochinito'. ¡Qué duro es ser el hombre y la mujer!"

—Me acuerdo que siempre se paseaba en su caballo. Era poca fiera ella y siempre usaba un paño colora'o amarrado en la cabeza. Pero, ¡cómo trabajaba esa mujer! Era tan fuerte como un hombre, y así trabajaba—junto con ellos. Trabajaba mucho allí en el rancho del difunto Josenacio encerrando zacate. Y con la pura horquilla,

working all day. After a little while she got up and jumped on her horse, saying she had to go home to make dinner for her 'Piggy.' That's what she called him and then she said it was hard being both the woman and the man!

"I remember how she used to always pass by on horseback. She was a little ugly, poor thing, and I recall she used to always wear a red handkerchief over her hair. Ah, but how that woman used to work! She was as strong as a man—and that's how she'd work, right with them. She used to work quite a bit up on Josenacio's ranch harvesting the hay. And with the pitchfork, hijo. She used to wrestle with the men, too, just for fun. My brother Tomás said he wrestled with her and he couldn't throw her, none of them could beat her. And she used to make adobes too. Ooh, she used to make piles of adobes for people who were building. I think that's what she was working at when she was killed."

"Killed? How did that happen?"

"Well, I guess she finally got fed up with dealing with that Coché, so she left him. I think she also did it because her father was very sick at that time. She went up to her father's house in Cañones to take care of him and she took along her children. She had two sons and a daughter, I believe.

"Coché didn't like it one bit that she had left him. So, one night he got his rifle and went up to Cañones. It was in August, I think—well, during the summer, because Marcelina had the door open to get some air. She had placed her mattress there right in front of the door, too, so it wasn't hard for Coché to find her. They say he just walked in, shot her in the chest, and got away on his horse. She died almost immediately. Her father said her only words were, 'Coché killed me.'"

"Did they catch him?"

"Oh yes, almost right away. Well, she didn't have any other enemies besides him. He had run back to his house. I myself heard him pass by, galloping like crazy down the road. They say he hid behind the house, but the police caught him there. And they also say that when they took him, Coché said, 'He who has done no wrong has nothing to fear.'"

"He said *that?* 'He who has done no wrong...'"

"'... has nothing to fear,' yes. The man had no shame at all."

"Did they take him to court?"

"Yes, and they threw him in the state pen. I think they gave him twenty-five years—I don't remember for sure. Well, he stayed there

hijo. También luchaba con los hombres—nomás para divertirse. Mi hermano Tomás llegó a luchar con ella y decía que él no la podía tumbar—que ni uno de ellos podía ganarle a ella. También hacía adobes. Ooh—muchos adobes hacía por contrato pa' los que estaban levantando casa. Eso estaba haciendo, yo creo, cuando la mataron.

—¿La mataron? ¿Cómo pasó eso?

—Pues, al fin se cansó, quizás, de lidiar tanto con ese Coché y lo dejó. Yo creo que también lo hizo porque su papá estaba muy enfermo en esos días. Fue pa' la casa de su papá allá en Cañones para cuidarle a él y también llevó a sus hijos—tuvo dos hijos y una hija, yo creo.

—Bueno, no le gustó al Coché que le dejaron solo. Y, una noche agarró su rifle y fue pa' los Cañones. Era en agosto, se me hace—bueno, en el verano, porque la Marcelina tenía la puerta abierta para que entrara el vientecito. También había puesto su colchón ahí adelante, en la mera puerta. Pues, no le dio nada broma al Coché hallarla. E isque entró y le dio un balazo en el pecho y se huyó en su caballo. Pronto murió ella. Su papá dijo que ella no dijo más que: "Ya el Coché me mató".

—¿Lo pescaron?

—Oh sí, pronto después. Bueno, ella no tuvo más enemigos que él, sabes. El había huido pa' la casa. Yo mismo lo oí pasando por el camino a todo mata-caballo. Isque se escondió atrás de su casa, pero pronto lo pescaron los oficiales. Y dicen que, cuando lo agarraron, que él les dijo: "El que nada debe, nada teme".

—¿El dijo así? El que nada debe...

—...Nada teme, sí. Ese hombre no tenía nada vergüenza.

—¿Lo llevaron para la corte?

—Oh sí, y lo echaron en la pinta también. Yo creo que le dieron veinticinco años, no me acuerdo muy bien. Pero él se quedó ahí mucho tiempo. Luego después su mamá andaba en las casas queriendo colectar firmas para que lo soltaran.

—¿Sí? ¿Como una petición?

—Sí.

—Yo no sabía que hacían eso. Y, ¿firmó usted?

—Sí, tan buena mujer que era la Eufemia. Nomás que su hijo no servía, pero era su hijo siempre.

a long time, anyways. After he got sent up, his mother went from house to house collecting signatures to get him released."

"Really? Like a petition?"

"Yes."

"I didn't know they used to do that. And did you sign?"

"Well, yes. Eufemia was such a good woman. A really fine person—it's just that her son was no good. But he was her son."

Whistling

It was that whistling. Sometimes Alicia thought she'd go totally mad with her husband's whistling, that irritating noise he made through his teeth that sounded like a cross between a tire going flat and a sick snake. He'd do it, Alicia was convinced, just so he wouldn't have to listen to her. *And then with that damned guitar that he doesn't put down all day long, I bet he doesn't even remember I'm alive.*

That was, more or less, true. Early in his marriage, Librado had learned there was no chance in hell to silence his chattering wife. So he had decided to let her continue rattling off her endless stream of gossip and inanities while he simply turned up the volume on his electric guitar. Librado was a well-known musician in the valley and his group, "Lee and the Gamblers," was the most popular one in town for weddings and parties. Tonight they were playing for the grand ball of the Oñate fiesta, a real honor for the band. Librado was singing one of his original tunes, "Corazón Ladrón," but, since the mayor and the Republican candidate for the Senate not to mention the majority of businessmen from both sides of the river were in attendance tonight, he decided against changing the words of the chorus to "Corazón Cabrón," which was what he always did when he had had a lot to drink.

And, speaking of drinking, Alicia noticed Librado was working on his private bottle between each selection and she knew that if he got plastered, he'd end up paying even less attention to her than usual. And if there was one thing in the world that Alicia thrived on, it was attention—and, of course, conversation. Whenever she'd spot an acquaintance, she'd instantly trap her with a monologue that wouldn't cease until the poor victim figured out a way of

Chifladera

Esa chifladera. A veces la Alicia pensaba que se iba a volver loca con ese chiflido de su esposo. Lo hacía por sus dientes y tenía el mismo tono de aire escapándose de una llanta o una culebra enferma, pensaba la Alicia. El lo hacía, estaba cierta, nomás para no escucharle a ella. *Luego, con esa mugre de guitarra que no afloja todo el santo día, yo creo que él ni se acuerda que estoy viva.*

Era, más o menos, verdad. El Librado había aprendido, temprano en su matrimonio, que no había chanza de sosegarle a su mujercita charlante. Así que le dejaba platicar su chorro continuo de chisme y vaciedad mientras que él aumentaba el volumen en su guitarra eléctrica. El Librado era un músico algo reconocido por el valle, y su grupo, "Lee y los Gamblers", era el más popular para los casorios y fandangos. Esta noche estaban tocando para el gran baile de la fiesta de don Juan de Oñate, un honor para la banda, y el Librado estaba cantando una de sus canciones originales, "Corazón Ladrón". Nomás que, como andaban el mayor y el candidato republicano para el senado y la mayoría de los negociantes de los dos lados del río, el Librado decidió no cambiar las palabras del coro a "Corazón Cabrón" como casi siempre hacía en los bailes cuando ya había tomado suficiente.

Y eso iba notando la Alicia—que el Librado levantaba su botellita privada entre cada selección y si se embolaba pues entonces hasta menos atención le daría a ella. Y si había algo en el mundo que le cuadraba a la Alicia, era la atención—y la conversación. Cuando ella miraba a una conocida, pronto iba a tramparla con una plática que no se acababa hasta que la pobre podía figurar un modo de huirse o se moría. Y el teléfono—pues, ya tenía la oreja acomodada a la forma del instrumento por estar tanto enterrada

escaping or just lay down and died. And the telephone—it had been buried so long on the side of Alicia's face that her ear seemed to have taken on its shape. Once, when she was shopping at Penney's, Alicia passed in front of some mirrors along the wall and was convinced she knew the lady there. As she strolled on, she kept wondering who that woman could be—she looked so familiar!— until finally she decided to go back and speak to her. "Oh, it's me!" she exclaimed, but only after passing by the mirrors two more times, peering into them carefully.

Now she was watching the dance floor where the couples were dancing to "Proud Mary." There was the president of the local school board who, barely an hour ago, had gotten into a fight with the husband of one of the school cooks who had lost her job when this political mafioso had taken power. Alicia's neighbor, Gene Thompson, owner of the Credit Union, was also out there dancing in his strange, constipated style. And what a dress his wife was wearing—the hussy—with her boobs flopping around and nearly springing out! *Poor Gene, just as soon as he turns his back that little tramp starts flirting with all the men. And with all her assets showing! Oh, there's Gloria. Let's see if I can catch her eye.*

"Hallo, honey," Alicia greeted Gloria, who immediately pulled her husband out to dance. *Well, that's all right with me. If she wants to be like that that's just fine. She's nothing but a big fake, anyway.* And Alicia, who had also started drinking, walked off to the restroom. So what if she was drinking, what else could she do? Even though Librado never paid any attention to her, he wouldn't allow her to talk to any other man—single or married. He could work himself up into such a jealous rage that Alicia would get genuinely frightened of him. So she had to content herself with the women. But where were all her girlfriends tonight? Wasn't there anybody she could talk to?

One person who knew Alicia all too well had recently spotted her and run to the bathroom in hopes of evading her. It did her no good.

"Hallo, honey. How are you, Lucy?" Alicia asked her sister-in-law and, without pausing for a reply, grabbed her by the arm and led her to a table near the band. The volume of the music made Alicia screech as she spoke and Lucy seriously considered jamming her fingers into her ears. She couldn't stand Alicia, mostly because she had had to hassle with her so much. They were neighbors and, what was worse, Lucy's husband was Alicia's youngest brother, a

ahí. Una vez, cuando andaba de compras en Penney's, pasó por delante de unos espejos en la pared, y se le hacía que conocía a la mujer allí. Más y más fue fijándose en que la conocía hasta que se arrendó a platicar con ella. "Oh, ¡soy yo!" dijo, después de pasar dos veces más, mirando a los espejos con cuidado.

Ahora miraba al suelo donde las parejas bailaban una pieza moderna, el "Proud Mary". Allí estaba el presidente del Cuerpo de Educación que, apenas una hora antes, había entrado en una pelea con el marido de una cocinera que había perdido su trabajo cuando este político mafioso había tomado poder. También andaba su vecino, el Gene Thompson, dueño del Credit Union, bailando como si estuviera tapado. Y, ¡qué túnico traiba su esposa!—la sinvergüenza—con las chiches brincándole y saliéndosele a cada rato. *Pobrecito el Gene—nomás voltea el espinazo y se le va esa cochina a coquetear con todos los hombres—¡y con todo afuera! Oh—allí está la Gloria. A ver si puedo pescar su ojo.*

—Jalo, "Joney" —le saludó la Alicia, pero nomás la miró la Gloria y corrió a sacar a su esposo a bailar. *Bueno, si quiere ser así, está bien. Al cabo que es muy facetita.* Y se fue al común como ya ella también había comenzado a tomar. ¿Qué más podía hacer? Aunque el Librado no le prestaba nada de atención, tampoco le permitía hablar con ningún hombre, sea soltero a sea casado. El se ponía tan celoso que hasta miedo le daba a la Alicia. De modo que ella tenía que contentarse con las puras mujeres. Pero, ¿dónde andaban todas sus amigas esta noche? ¿Que no había naiden con quien podía hablar?

Pues, una que ya le había visto, se había huido al común con la esperanza de esconderse de ella. Bueno, no le valió.

—Jalo, "Joney". ¿Cómo estás, Lucy? —dijo la Alicia a su cuñada, agarrándole el brazo para conducirla a su mesita junto a la banda. El ruido hizo a la Alicia casi gritar y la Lucy pensó meterse los dedos en los oídos. Ella no podía aguantar a la Alicia, en parte por haber tenido que lidiar tanto con ella. Eran vecinas—y luego su esposo era el hermano menor de la Alicia, cosa que le dio licencia a la Alicia, quizás, de aprovecharse de él y de su esposa también. Todo el tiempo le tenía en el teléfono con su mitote de este miembro de la familia o el otro. Y quién sabe qué historias platicaría también de ella nomás colgaban.

De modo que ahora la Lucy estaba buscando una salida, pero su esposo andaba afuera con sus cuates echándose unos toques, y aquí estaba detenida con su cuñada repugnosa que no dejaba a uno

fact that seemed to give Alicia the right to take advantage of him as well as his wife. Alicia had Lucy on the phone day and night with the latest scoop on the relatives. And who knew what kind of stories Alicia told about her once she hung up?

Lucy, naturally, wanted nothing more than to escape her prattling sister-in-law who never even seemed to need a breath between words. But her husband was outside lighting up a joint with his bros and, for the moment at least, she was Alicia's prisoner.

Now Alicia zeroed in on the queen of the fiesta as the coronation was about to begin. "Ay, honey—what an ugly queen! Just look at her, honey! She dyes her hair, did you notice? Poor thing, but she's just too fat for the dress. And what a dress! I mean, honey, I realize she is the queen, but such a fancy dress...."

Lucy, who couldn't reply anyway, simply stared at Alicia in her silver brocade dress and black velvet cape decorated with the same silver brocade. Extravagant as the outfit was, it still couldn't conceal the various rolls of fat around the woman's waist.

"You heard she had an abortion in Albuquerque, didn't you?" asked Alicia, still referring to the queen. "Yes, honey, they say she begged Eddie—you know, Eddie, her boyfriend, the one that was such a good basketball player? Well, she just begged him, honey, to get married to her, but he wouldn't do it. He claimed it wasn't even his kid. And, knowing her, honey, who knows if he wasn't right. But...."

But, finally, Lucy's husband returned. He was totally blitzed, but Lucy didn't let that bother her; she just yanked him out to the dance floor.

"Wise up, baby," Librado sang. It was another original song, hit number three of the week at Radio KBSO (¡Qué Beso!).

Oh, my poor little brother. He's so full of life—and tied down to that woman! What a bore! She doesn't even talk. I don't know what's the matter with her. She doesn't seem to have a single thought in her head.

"Wise up, baby," Lee and the Gamblers wailed and, before long, the dance had come to an end. While Librado loaded his equipment into the van, Alicia had herself another drink. Well, what else was she supposed to do? Everyone had already gone home and there was no one to talk to.

Even though it seemed to take Librado hours to load up the instruments, it didn't really matter much to Alicia in her polluted condition. But now, on the way home, one thing did bother her.

platicar ni un momentito. Ahora empezó a hablar de la reina de la fiesta, como se había llegado el tiempo de la coronación.

—Ay, "joney"—¡qué reina tan fea! Mírala, joney. Trae el cabello tiñido—¿lo notates? Y pobrecita, está muy gorda para ese túnico. ¡Qué túnico tan lujoso, joney! Yo sé que es la reina, pero joney...

Y la Lucy, que no podía hablar de todos modos, nomás miró a la Alicia con su túnico de brocado de plata con una levita de seda negra adornada con el mismo brocado. El traje extravagante todavía no tapaba los varios rollos de gordura de la cintura.

—Tú has oído que tuvo un "abortion" en Albuquerque, ¿que no? —preguntó la Alicia, todavía refiriéndose a la reina—. Pues, sí, joney—isque le rogó al Eddie—su novio, tú sabes, ése que era tan buen jugador de basquetbol—pues, le *rogó*, joney, que se casara con ella, pero no. El dijo que no era ni su hijo. Y quién sabe, joney, si no tendría razón. Pero...

Pero ya al fin, el esposo de la Lucy había vuelto, bien engrifado. Pero la Lucy no se fijó nada en eso, sacándolo de una vez a bailar.

—Snapéate mujer —cantó el Librado con otra canción que escribió él mismo, el éxito número tres esta semana en "Radio KBSO" (¡Qué Beso!).

Pobrecito mi hermanito. Tan gustoso que es y amarrado con esa mujer aburrida. Ni platica con la gente. Yo no sé qué tiene ella. Quizás no tiene ni un pensamiento en la cabeza.

—Snapéate mujer —lloraron "Lee y los Gamblers" y, al rato, el baile se había acabado. Y, mientras el Librado echaba su equipaje en el van, la Alicia tomó otro juisque. Pues, ¿qué más podía hacer? Ya todos se habían ido y no había naiden con quien podía platicar.

Se tomó mucho tiempo el Librado echando los instrumentos, y aunque a ella le parecían horas hasta que estaban listos para marcharse, no le importaba mucho porque andaba bien embolada. Lo que sí le molestaba—y uno pensaría que con tanto alcohol ni lo notaría—era esa condenada chifladera de su esposo.

—No hagas eso.

—¿Qué? ¿Qué 'stoy haciendo?

—Tú sabes. Chiflando. Tú *sabes* que no me gusta.

—¿Que no te gusta? Todo el tiempo estás con "no me gusta— no me gusta". ¡Qué mujer! Aquí te llevo al baile—al *gran* baile de la fiesta—y todavía vienes rezongando.

—Ooh, y ¿qué hago yo en los bailes? No puedo bailar porque te enojarías. No puedo platicar con naiden porque te enojarías. ¿Cómo me divierto yo en estos bailes?

You'd think she wouldn't even notice through her alcoholic stupor. But Librado was whistling again—that goddamned whistle.

"Don't do that."

"What? What am I doing?"

"You know, whistling. You know I don't like it."

"You don't like it? That's all I ever hear from you: 'I don't like! I don't like!' Ay, what a woman! Here I take you to the dance, to the grand ball of the fiesta and still you find something to complain about!"

"Oh, so what? I don't have any fun at dances anyway. I can't dance with anyone because you'd get mad. I can't talk to anyone because you'd get mad. How much fun is that?"

"Oh, you're just drunk. I saw you—swigging down that booze like a funnel. What are people going to think about me? Poor Librado, with a lush for a wife."

"Stop the van."

"Oh, Alicia, you don't have to get mad now."

"No, I'm not mad. I've just got to pee. And you're the one who's drunk."

"Here? You want to pee here? Can't you hold it till we get home?"

"No way. It's too far."

"Far? It's only ten more miles, woman."

"Stop, honey. I can't stand it any longer."

"All right—all right."

And Librado parked the van on the shoulder while Alicia went tripping towards a nearby arroyo. But in her wobbly journey to the edge of the culvert, she took an unfortunate step over the bank and fell, rolling all the way to the bottom.

Little by little, without thinking about it, she lifted herself up. She accepted the situation stoically, like the best of them, and, with her ripped satin jacket and her hair full of burrs, she took care of the business she had come for. She dropped her panties to pee.

Meanwhile, Librado had fallen asleep at the wheel. Suddenly, he was awakened by the horn of a passing truck and, without remembering his wife, started the van and drove home.

Ten miles is a strenuous enough hike for someone in good shape. But drunk—and in high heels? And in the middle of the night when a respectable woman has to hide from every passing car? But what else could she do? Alicia walked the ten miles, stumbling on the rocks and twisting her ankles in the holes, but she did make it.

—Oh, tú andas embolada. Yo te vide—tragando el juisque como un embudo. ¿Qué va a pensar la gente de mí?—con una mujer borracha.

—Párate el van.

—Oh, Alicia, no tienes que enojarte.

—No, no estoy enojada. Nomás tengo que mearme. Y tú eres el que andas embolado.

—¿Aquí? ¿Quieres mearte aquí? ¿Que no puedes aguardarte hasta que llegamos a la casa?

—N'ombre. Está muy lejos.

—¿Lejos? Nomás diez millas más, mujer.

—Párate, joney. Ya no aguanto más.

—Bueno, bueno.

Y parqueó el van ahí en el lado del camino mientras que la Alicia iba tropezando hacia un arroyo cerca. Nomás que, en su condición delicada, no vio el barranco del arroyo con tiempo y se rodó hasta abajo.

Bueno. Poco a poco fue levantándose sin pensar nada. Como las borrachas de cuanto hay, la Alicia aceptó su situación estoicamente y, con su levita de seda rota y el cabello lleno de toritos, se abajó los "pantes" a mearse.

Entre tanto, el Librado se había dormido en la rueda. De repente se despertó cuando una troca pasó pitándole y, sin acordarse de su mujer, prendió el van y se fue a la casa.

Diez millas hacen una caminata bastante larga cuando uno está en buena salud. ¿Pero embolada—y en tacones altos? ¿Y a medianoche cuando una mujer respetable tiene que esconderse cada rato de los carros? Pero anduvo las diez millas la Alicia—¡qué más podía hacer!—resbalándose en las piedras y torciéndose los tobillos en los pozos.

Cuando llegó a la casa, tres horas después a las cinco y media de la mañana, halló la puerta atrancada. Y cuando al fin levantó al Librado, pues ¿qué dijo él antes de que ella abriera la boca?

—¡Perra! ¿Dónde andabas a estas horas? Te debería dar un chingazo por vagamunda. ¡Ahí quédate con las otras perras! —dijo, cerrándole la puerta en la cara con un golpe.

Pues, gritó la Alicia, gimió y lloró, pero todo por nada. Su "Corazón Cabrón" no le escuchó. Bueno, ya cuando se había cansado de gritarle a la puerta, volteó y caminó a la casa de su hermanito—¿qué más podía hacer?

—Lucy—¡Lucy! Joney —dijo, pegándole a la puerta todavía

When she got home—three hours later at five-thirty in the morning—she found the door locked. And after she finally woke Librado up, what did he say before she could even open her own ample mouth?

"You bitch! Where the hell have you been at this hour? I ought to beat the shit outa you! Just stay out there with the rest of the bitches!" he screamed, slamming the door in her face.

Well, Alicia howled and cried, but to no avail. Her "Corazón Cabrón" wasn't listening. Finally, when she had grown weary of shouting at the locked door, she turned and walked to her brother's house. What else could she do?

"Lucy! Lucy! Honey!" she called, banging on the door, standing there in her torn, mud-splattered dress, her hair adorned with grass and one of her shoes missing the heel, which made her lean to one side like a building ready to collapse.

Lucy, recognizing the hysterical voice and, of course, the "honey," implored her husband not to open the door, but he said, "Who knows what's happened? She wouldn't come over here at six in the morning if something wasn't really wrong."

But Lucy had been right, he thought three hours later, with his sister sitting in his kitchen, still weeping and cursing her husband.

At last Lucy called him into the bedroom. Alicia continued weeping alone, though not nearly as tragically.

"Do you see this bed?" Lucy asked, pointing to it.

"Yeah, why?"

"Because you're not sleeping in it tonight if you don't get rid of your sister now. Right now!" and she threw herself face down on the bed, crying nearly as loudly as Alicia in the kitchen.

Well, what could he do?—with two women wailing on a Sunday morning when the rest of the world is still dreaming and him with a devil of hangover. He went straight to his stupid brother-in-law's house.

He knocked on the door. Nothing. He beat on it—still no response. Then he kicked it. And since he was only wearing tennis shoes, his big toe immediately throbbed with pain, which diminished considerably when he threw a rock through Librado's picture window. He was ready to lob another one in when Librado finally opened the door. The poor, harassed, toe-stubbed husband leaped on Librado and, with his hands in a stranglehold on his collar, jerked him off his feet.

parada en su túnico rasgado y manchado con zoquete, su cabello adornado con zacate y con un zapato sin tacón que la hacía inclinar para un lado como un edificio listo para derrumbarse.

La Lucy, reconociendo la voz histérica y, naturalmente, la joney, le suplicó a su esposo que no abriera la puerta, pero él dijo: —Quien sabe si no hay algo. Ella no vendría a las seis de la mañana si no hubiera pasado algo.

Pero la Lucy había tenido razón, pensó él tres horas después cuando su hermana estaba sentada en la cocina, todavía llorando y maldiciendo a su esposo.

Al fin la Lucy llamó a su marido al cuarto de dormir. La Alicia siguió llorando solita, aunque no tan fuerte.

—¿Miras esta cama? —preguntó la Lucy, apuntándola.

—Sí. ¿Por qué?

—Porque tú no vas a dormir en ella esta noche si no corres a tu hermana ahora. ¡Ahora mismo! —y se dejó caer cara aplastada en la cama, soltando unos lloridos que casi igualaban a los de la Alicia.

¿Qué podía hacer él?—con dos mujeres llorando un domingo en la mañana cuando todo el mundo está todavía soñando, y él con una cruda del mero diablo. Pues, fue a la casa de su cuñado estúpido.

Tocó a la puerta—nada. Le pegó—nada. Luego le tiró una patada y—como andaba en sus tenis nomás—se lastimó el dedo gordo. Bueno, siempre dolió, pero un poco menos cuando tiró una piedra por la ventana grande. Ya estaba listo para lanzar otra, cuando el Librado sí abrió la puerta. De una vez el pobre marido le brincó al Librado con las dos manos apretadas en el cuello de su camisa, casi levantándolo del suelo.

—Allí está tu mujer en mi casa. Allí ha estado desde la madrugada porque tú—cabrón—la atrancates afuera. Yo no quiero saber qué pasó, ni quiero escuchar, pero te digo una cosa, y te la digo claramente. Si tú no vas pa' allá de una vez a quitármela de ahí, te voy a quebrar más que tu pinche vidrio—¿me entiendes? —y lo empujó pa'l suelo.

Bueno, ¿qué más podía hacer el Librado? Su cuñado era mucho más grande que él. Quién sabe qué le haría. Al cabo que no le costaría nada ir para allá a decirle unas mentiras a su esposa y disculparse.

Y, como con tantas tragedias en la vida diaria del hombre, todo salió bien al último. De todos estos chascos, el Librado pudo salir

"Your wife is over at my house. She's been there since six o'clock this morning because you—you fucking asshole—you locked her outside. I don't want to know what happened—I don't even want to hear it. But I'll tell you one thing, and I'll make it plain enough so even you can understand it. If you don't get your ass over there right away and take her home, I'm gonna break more than your fucking window. You understand?" And he threw Librado to the ground.

Well, what could Librado do? His brother-in-law was a hell of a lot bigger than he was. God only knew what he might do to him! Anyway, it wouldn't hurt to go over there and tell the old lady a few little lies. Apologize—what the hell!

And, as is the case with so many of life's daily tragedies, everything worked out in the end. The whole crazy situation provided Librado with enough fresh material to write a new hit song for Lee and the Gamblers, a composition entitled "The Women of Today."

His brother-in-law, who worked for Archuleta Glass, replaced the window in Librado's house and the insurance paid.

Alicia had a new story, a true life drama packed with emotion, to relate to all the neighbors. And Librado, once he had finally caught on to what he had done, began to treat Alicia a little better and even half-listened to her for awhile. But he refused to give up his habit of whistling. That damned whistling through his teeth.

con un nuevo éxito para "Lee y los Gamblers", una canción llamada "Las Mujeres de Hoy en Día".

Su cuñado, que trabajaba por Archuleta Glass, puso el vidrio nuevo en su casa, y la aseguranza pagó.

La Alicia tenía otra historia para platicar a todas las vecinas, un drama de verdad, lleno de sentimiento. Y el Librado, cuando al fin "snapeó" a lo que había hecho, trató a la Alicia un poco mejor y medio la escuchó por un tiempecito. Nomás que todavía no dejaba ese vicio de chiflar. Esa chifladera por los dientes.

We, The Poor Blind Kids

I think the one thing that makes me the maddest is the habit so many people have of calling us "cieguitos." It's almost always well-meaning people who use the term, thinking, perhaps, that the diminutive indicates more concern. They never consider how it makes us feel—as if we were a little less than normal, like children who'll need special attention for our entire lives.

The first person I recall using that word was Father Pedro, the pastor of the Catholic church near the School for the Blind where I lived. Father Pedro Gonzales (whom we called "Father Fart") was a priest from Spain imported to southern New Mexico with his exaggerated Castilian accent that convinced us kids that he practiced perverted sexual acts in private.

Every Sunday they herded us in two straight lines to our place on the left side of the altar. Even though many of us still had partial sight and could have found the pews ourselves, we were never permitted to do so. No, we had to follow each other like so many sheep, while the people in the congregation would whisper, "There go the cieguitos," and the guys from town made fun of us.

The worst of all, though, was when mass had ended. While everybody else had thanked God and retreated outside to gossip and flirt, we had to remain in our seats. Father Fart would approach us then, subjecting us to a special sermon, which never varied, week after boring week.

"My poor thieguitoth," he'd begin. "We weren't thent to thith Valley of Tearth to understand the intenthionth of the Almighty, but to athept our croth and to carry it all the way to calvary."

And he'd go on lisping gloomy and monotonous maxims while

Nosotros, los cieguitos

para el Joe

Yo creo que la cosa que me ha dado más coraje en esta vida es el vicio que muchos tienen de llamarnos "cieguitos". Casi siempre es gente de buena intención que dice así, quizás pensando que el diminutivo enseña más interés y cariño. Nunca se fijan de como nos hace sentir a nosotros, como si fuéramos poquito menos que gente normal, como muchachos que necesitarán cuidar toda la vida.

La primera persona que me acuerdo usando esa palabra era el padre Pedro, pastor de la iglesia Católica cerca de la Escuela de los Ciegos donde vivía yo. Padre Pedro Gonzales (nosotros lo llamábamos "Padre Pedo") era un cura de España, importado al sur de Nuevo México con su acento castellano exagerado que nos convencía a nosotros que practicaba actos sexuales bien pervertidos.

Todos los domingos nos arreaban en dos líneas derechas a nuestro lugar en el lado izquierdo del altar. Aunque muchos de nosotros todavía teníamos vista suficiente para hallar el banquito solos, no nos permitían. No—siempre teníamos que seguir uno al otro como cuantas borregas mientras que toda la congregación decía: —Allí van los cieguitos— y los chamacos de la plaza se reían de nosotros.

Lo peor era que nosotros teníamos que quedarnos después de la misa, ya que los demás habían dado las gracias a Dios y se podían ir a mitotear y coquetear afuera de la iglesia. Padre Pedo nos arrimaba, dándonos un sermón especial que era el mismito todos los domingos.

—Mith pobreth thieguitoth —comenzaba—. Nothotroth no fuimoth mandadoth a ethe valle de lágrimath para entender a lath

we'd punch each other in the knees to see who would cry out first and receive the purifying punishment of the Lord, administered courtesy of the heavy cross of Father Fart's rosary.

We also would have to go to church the first Saturday of every month for confession. Since our school was the recipient of aid from the Church, we all had to play the role of good Catholics. Father Fart wouldn't waste too much time on us boys, only asking us if we had had any dirty thoughts or dreams and whether we had abused our privates. They used to say, though, that when he'd put the little girls on his knee to tell them all about mortal sin, his fingers would play underneath their panties. It wasn't that anyone had ever really told us that, certainly not the girls, yet we all knew it like some kind of universal truth.

Life at the school was an endless night for us, the "cieguitos." The teachers treated us like prisoners. Instead of instructing us on how to lead independent lives, they used to regiment us and day by day they'd get stricter with their rules and standards.

They wouldn't allow us to speak a single word of Spanish and, if they caught us, they'd strike us on the back of the head. A blow like that is bad enough when you can see it coming, but it hit us like lightning out of a cloudless sky. Yet the more they punished us, the harder we worked to preserve our language, speaking secretly—in bed, at dinner, and outside in the yard. We held on to our culture with those few words we managed to share with each other, just as the Jews once sustained their faith in Egypt.

They used to hit us all the time. You probably don't believe me. I can hear you saying now, "How could they touch poor little blind kids?"

Well, you can think what you like, but it is true, nonetheless. They used to beat us. If you didn't recite your lesson well in class, they'd knock you one. And if you didn't finish your peas at dinner or dropped a few on the floor—once again, a slap across the face.

The worst offender was Miss Slavich. We kids, who always had an appropriate nickname for everyone, used to call her "Miss Labitch." And with good reason, too. Like all the other teachers, Miss Labitch wasn't from New Mexico. In fact, not a single teacher at the school was even from the Southwest. They had all come from the East and never could comprehend our life here amidst mountains and cactus.

Miss Labitch had come from Michigan where she had recently left a Dominican convent after fifteen years. And she brought with

intenthioneth del Todopoderotho, thino para atheptar nuethra cruth y cargarla todo el camino al calvario...

Y así seguía tartamudeando más máximas monótonas y lúgubres mientras que nosotros nos pegábamos uno al otro en las rodillas a ver quien iba a llorar primero y recibir el castigo purificador de Dios, administrado por la cruz pesada del rosario del Padre Pedo.

También teníamos que venir a la iglesia el primer sábado de cada mes para confesarnos. Como la escuela recibía ayuda de la iglesia, teníamos que jugar la parte de buenos católicos. El Padre Pedo no gastaba mucho tiempo en nosotros los chamaquitos, solamente preguntándonos si habíamos tenido malos pensamientos o sueños y si habíamos tocado las partes privadas. Pero dicen que levantaba a las muchachitas en la rodilla y mientras que les platicaba de los pecados mortales, sus dedos jugaban abajo de sus pantaletas. No es que naiden nos había dicho eso a nosotros— mucho menos las muchachas—pero todos lo sabían como una verdad aceptada.

La vida en la escuela era una noche constante e interminable para nosotros, los cieguitos. Los maestros nos trataban como prisioneros. En lugar de enseñarnos cómo existir independientes, nos regimentaban, y día a día se ponían más estrictos con sus reglas y mandamientos.

No nos dejaban hablar ni una palabra de español y si nos pescaban, nos pegaban atrás de la cabeza. Es malo suficiente un golpe de esos si uno lo puede ver venir, pero a nosotros nos llegaba como un relámpago de un cielo sin nubes. Pero entre más nos castigaban, más usábamos el español en secreto—en la cama, en la mesa y afuera en la yarda, guardando nuestra cultura en las pocas palabras que nos hablábamos como los judíos preservaron su fe en Egipto.

Nos pegaban todo el tiempo. Yo sé que fácil no me vayan a creer—que vayan a decir: —¿Cómo pudieron pegar a unos pobres muchachos cieguitos?

Pero, créanme—sí nos pegaban. Si uno no recitaba su lección bien en clase, te castigaban. Y si uno no acababa su alverjón en la cena, o si lo dejaba caer en el suelo, otra vez con la cachetada.

La más perversa en eso era la "Miss Slavich". Nosotros, que siempre teníamos sobrenombres para todos, la llamábamos "Miss Labitch". Y con razón—con bastante razón. Como todos los maestros, Miss Labitch no era de Nuevo México. En efecto, ni uno

her all the privations and frustrations of a nun—worse, a nun who hadn't even been successful in her retreat from the world. Never free from the flaws of her own warped character, she would unleash all her twisted feelings upon us.

When you'd have to get up in front of the class to recite that horrible poem, "Thanatopsis," and you didn't even remember the first word, Miss Labitch would immediately jump on you, scolding you severely in her nasal tones. "What's the matter with us now? Did we lose our voice too?" she'd tell you, denigrating you even further in her use of the first person plural, while she'd haul you up against the wall by the hair or an ear.

And then there was her pointed stick. She was in love with her penis symbol and she used it liberally to dish out her "justice," particularly during typing class. They taught us to type in sixth grade but, since some of us still had limited sight, we'd try to look at the keys. I for one never wasted the little vision I still possessed in those days trying to distinguish the letters on the keys. I preferred focusing my eyes on the cute girls. But the point is that we had to type on special machines, equipped with a piece of cloth covering the keys. When Miss Labitch saw you lifting the cloth to look underneath—zap!—a blow of her stick across your hands or your neck.

But Mrs. Brown helped compensate for the two hours of agony in Labitch's class. Youthful and liberal-minded, Mrs. Brown went to great lengths to prove to us that she wasn't like all the other cold-hearted teachers—she really understood us. We, of course, delighted in taking advantage of her. In her simple-minded benevolence, she pretended to read Braille. Well, we soon figured that out and, once we did, we'd write whatever damn thing came into our heads and always get A's. And, since she never gave us any tests, when she made us read we'd all just run our fingers over the pages, dreaming of our fantasy girls.

But Mrs. Brown was the exception. All the rest of the teachers were just like Miss Labitch—strict, severe, even cruel at times. Yet, in spite of all their faults, the teachers were no competition for Chango. Chango (whose real name was Enrique, although the teachers all called him Richard) was the oldest and biggest boy in school. He was also the meanest. They claimed even his parents couldn't stand him anymore and had told him he would be sent to the correction facility in Springer if he didn't straighten out and go to the School for the Blind. Chango was one of those evil types who

de ellos era del sudoeste; todos vinieron del este y ni uno comprendía nuestra vida aquí entre montañas y nopales.

Miss Labitch había venido de Michigan donde se había retirado recientemente de un convento dominicano después de quince años. Y trujo con ella todos los chascos y privaciones de una monja—peor, una monja que ni había podido lograr de su refugio del mundo. Nunca olvidándose de las faltas en su carácter, nos soltaba en nosotros todos sus sentidos torcidos y dañosos.

Cuando tenías que pararte delante de la clase a decir de memoria ese poema horrible, "Thanatopsis", y no sabías ni la primera palabra, te rompía ella, rezongándote en tonos nasales. —¿Qué nos pasa? ¿Perdimos la voz *también?* —te decía en inglés, denigrándote hasta más en su uso de la primera persona plural, mientras que te jalaba del cabello o la oreja hasta que tu cabeza estaba atrincada a la pared.

Luego tenía su palito puntiagudo. Estaba bien enamorada de su símbolo de pene y lo usaba liberalmente como el agente de su "justicia", particularmente en la clase de "taipiar". Nos enseñaron a escribir a máquina desde el libro sexto, nomás que, como algunos de nosotros todavía podíamos ver un poco, hacíamos fuerza de mirar las llaves. Yo, por mi parte, no gastaba la poca vista que tenía en aquellos tiempos queriendo ver las letras. Mejor me cuadraba enfocar los ojos en las muchachas bonitas. Pero nosotros siempre teníamos que trabajar en máquinas especiales, equipadas con paños tapando las llaves. Y cuando Miss Labitch te veía levantando el paño para mirar abajo—¡zamp!—una paliza sobre las manos o la nuca.

Si las dos horas de inglés y "taipiar" con Miss Labitch eran un tormento, el tiempo que pasábamos con la señora Brown compensaba un cierto tanto. Joven y liberal, la señora Brown tomaba mucha broma para probar a nosotros que ella nos entendía—que no era como los otros maestros que no nos tenían nada de compasión. Y claro que nos aprovechábamos malamente de ella. En su benevolencia y sencillez, fingía comprender el "braille". Pues, pronto aprendimos eso, y le escribíamos cualquier cosa que nos daba la gana y siempre sacábamos puras "A's". Y, como nunca nos daba exámenes, cuando nos mandaba leer, pues nomás pasábamos los dedos sobre las páginas y soñábamos de las chavas.

Pero la señora Brown era la excepción. Los demás maestros eran como Miss Labitch—malos, severos, hasta crueles en veces. Pero aunque nos hacían la vida pesada a nosotros, no eran nada en

enjoy inflicting pain on others—a real sadist, you know. He relished his power and he flaunted it royally, directing every minute detail of our daily lives.

What fascinates me now is the realization that he used to control us with pure threats and arrogance. He never actually hit anyone because he didn't have to. He used to always cruise around with his goon squad, a collection of the most Neanderthal idiots in the school who were slavishly loyal to their lord. And if someone wasn't showing enough respect or obedience to the big boss (that included even the few Indians and Anglo among us), well, he'd just command those boneheads to put the offender in his place.

Chango's favorite punishment was especially sadistic for a person without sight. In a corner of the gym, there was a huge wrestling mat. And, if Chango felt like it he'd catch you and have you rolled up inside the mat like a tiny bean in a gigantic burrito. He'd just leave you there until one of the teachers would notice you. Once I was trapped inside the rolled-up mat for hours before they released me. When one is blind, there is no worse affliction than being unable to move. I was convinced I was going to suffocate. To this day, I carry the scars of that psychological torture within my soul.

Whenever you'd get packages from home with candy or bizcochitos from your grandmother, Chango would always appear to collect his tithe like some kind of royalty.

"Hey, fucker," he'd say (he always called everybody "fucker"). "It looks like you got something."

And immediately he'd thrust his hands into your treasure, plundering the best part, tormenting you all the while.

"What's this? Ay, empanaditas! My favorite! And apples too! Come on, guys, help yourselves. Take plenty!"

And all your riches would disappear among Chango's gorillas.

Until Frankie showed up. Frankie was also older than the rest of us. He had come from a tiny village in the northern mountains where my own parents lived. He had lost his sight in an accident and, since he was still unable to accept his blindness, he used to steer clear of everyone, spending all his time alone.

Chango, like a proper patrón, decided he had to teach this new guy how things ran in his school. So, together with his group of hoodlums, he approached Frankie in the lunch line.

comparación con el Chango. El Chango (su nombre de verdad era Enrique, pero los maestros lo llamaban Richard) era el más viejo y más grande muchacho en la Escuela de los Ciegos. También era el más malo, y reclamaban que ni sus papaces podían aguantarle a él y si no venía pa'ca, que lo iban a mandar pa' la Corrección allá en Springer. El Chango era uno de esos malvados que gozan de causar dolor y daño a otros. A él le cuadraba la posición de patrón, y a nosotros nos mandaba cada detalle de nuestras vidas.

Lo peculiar para mí ahora es entender que nos controlaba con puras amenazas y arrogancia. Nunca nos golpeaba porque no tenía la necesidad. Siempre andaba con su "goon squad", los muchachos más grandes y torpes de la escuela que eran tan fieles a él como esclavitos a su dueño. Y si alguien no estaba enseñando suficiente respeto u obediencia al jefe (y eso también incluía los pocos indios y gabachos que había entre nosotros), pues él nomás mandaba a esos pendejos que nos arreglaran.

Su castigo favorito era bastante sádico para los que no tienen vista. Había un ule grande como esos que usan los luchadores en un rincón del gimnasio. Y si le daba la gana, el Chango te agarraba y te envolvía adentro del ule como un frijolito en un burrito gigante. Allí te dejaba hasta que uno de los maestros te notaba. Una vez yo me quedé adentro el rollo por horas hasta que me soltaron. Y cuando uno está ciego no hay aflicción más grave que esa de no poder moverse. Yo estaba cierto que me iba a sofocar. Hasta hoy todavía traigo las cicatrices de esas horas de tormento sicológico dentro de mi alma.

Cuando te llegaban paquetes de la casa con dulces o bizcochitos que te había hecho tu abuelita, el Chango siempre se aparecía a colectar su diezmo como un duque de nobleza.

—Oyes, jodido —decía (como llamaba a todos "jodido")—. Parece que recibiste algo.

Y de una vez metía sus manos en tu tesoro, pillando todo lo mejor, atormentándote todo el tiempo.

—¿Qué es esto? Ay, empanaditas. ¡Cómo me gustan! ¡Y manzanas! Agarren, cuates—lleven suficientes.

Y allí se desaparecían tus cosas entre los gorilas del Chango.

Hasta que llegó el Frankie. El Frankie también era un muchacho más viejo que nosotros, de un pueblito en la sierra del norte donde vivían mis padres. Había cegado a causa de un accidente y, quizás

"Hey you, fucker!" Chango challenged Frankie, shoving him indignantly.

"What did you call me?" Frankie replied in a calm, but sharp-edged voice.

"What's bugging you, man. I just called you by your name—fucker!"

With that, Frankie jumped Chango. Since no one had ever actually called Chango's bluff, the bimbos who always accompanied him were too baffled to do anything.

Even though Frankie was completely blind, he beat the hell out of Chango that day. The teachers who came racing up to separate them did so just in time, because Chango had almost bitten off Frankie's finger by the time they broke them up.

It was the most exciting day of my life. And it was a liberation for all of us, all of us blind kids. Because from that day forward, Chango never hassled anyone again. He went underground and lost all his humble servants. Some of those airheads offered their services to Frankie, who they perceived as the new head macho. But Frankie wasn't like Chango and he'd have no part of it. He was a simple, peaceful individual who seemed to exist by the rhythms of the mountains where he had grown up. He never caused trouble for anyone but at the same time wouldn't let any one of us take advantage of the other.

Frankie's still my friend today. He's a teacher now in the public schools up in Gallina, in the country where he was born. He's married and has three children and is the head of the drama department there, but that's another story.

We get together once in awhile, every time I can get away from this southern sun. Frankie, just like all those folks up north, never considers leaving his beloved mountains, much less to travel south. And I frankly don't blame him, for he's not missing anything there—not even the use of his eyes.

Naturally, we talk about the old times at the School for the Blind and how they used to treat us blind kids. We remember the lines, the beatings, the inhumanity, the solitude. And we laugh, too—about Miss Labitch and all the teachers who, in the end, were blinder than we were, about Father Fart, and, of course, about poor old Chango.

por no haber tenido suficiente tiempo para aceptarlo, se huía de nosotros y se quedaba bien solito todo el tiempo.

El Chango, como un buen patrón, decidió que lo tenía que echar en su bolsa de una vez, para que supiera como corrían las cosas en "su" escuela. Junto con su grupo de "tofes" se le acercó al Frankie que estaba esperando en línea pa'l almuerzo.

—Tú, jodido —el Chango le amenazó al Frankie, empujándolo pa'trás indignamente.

—¿Qué me dijites? —le preguntó el Frankie bien calmado, pero con un buen filo de coraje en su voz.

—¿Qué te pica, chico? Nomás te dije lo que tú eres—¡jodido!

Y sin una palabra más, el Frankie se brincó sobre el Chango. Como naiden le había dado ningún desafío al jefito nunca, los bombos que siempre acompañaban al Chango no hicieron nada de pura sorpresa.

Pues, aunque estaba completamente ciego, el Frankie le dio una buena friega al Chango ese día, hasta que los maestros vinieron a todo vuelo a separarlos. Y llegaron nomás a tiempo porque el Chango ya mero le cortaba el dedo del Frankie con sus morde-duras.

Era el día más emocionante de mi vida. Y era una liberación para todos nosotros, los cieguitos. Porque desde ese día para adelante ya el Chango no molestaba a naiden. Se escondió, y perdió todos sus peones. Algunas de esas cabezas-vacías ofre-cieron sus servicios al Frankie, que ellos percebían como el machón nuevo. Pero, como el Frankie era de otra clase de gente que el Chango, no quería tomar parte en eso por nada. El era un muchacho simple, pacífico, que todavía vivía por los ritmos de la sierra 'onde se había criado. El nunca le buscaba a naiden, pero tampoco no dejaba a ninguno de nosotros aprovecharse del otro.

El Frankie es todavía mi amigo. Es maestro ahora en las escuelas públicas allá en Gallina, en el monte donde nació. Tiene mujer y tres hijos y es el director del programa de drama allí, pero eso es otra historia.

Nos juntamos de vez en cuando, cada vez que puedo escapar este sol del sur. Porque el Frankie, como toda aquella gente del norte, ni piensa de salirse de su linda sierra querida, menos para viajar pa'l sur. Y no lo puedo culpar, francamente, como no le falta nada allá, ni el uso de sus ojos.

Platicamos, como es natural, de nuestros días allá en la escuela y de como nos trataban a nosotros, los cieguitos, acordándonos de

And every time we visit, Frankie shows me the finger Chango almost bit off so many years ago.

He still has the scar.

las líneas, los golpes, la inhumanidad, la soledad. También nos reímos de Miss Labitch y todos los maestros que al fin salieron más ciegos que nosotros, de Padre Pedo y, naturalmente, del pobre Chango.

Y cada vez que nos juntamos, el Frankie me vuelve a enseñar el dedo que el Chango le escapó de cortar con los dientes tantos años antes.

Todavía tiene la cicatriz.